移民社会フランスの危機

移民社会フランスの危機

宮島 喬

Miyajima Takashi

岩波書店

はしがき

パリ郊外の町々で紅蓮《ぐれん》の炎を上げて燃えさかる車の映像とともに、「暴動」のニュースが連日報じられた。ことの発端は、警官に追われた(と思った?)移民出身の少年が誤まって変電施設に逃げこんで、感電死するという出来事にあった。二〇〇五年一〇月末のことである。「人権の母国」と称されるこの国が移民との共存に苦しむ姿がショックだったからか、世界のメディアはこぞって注目した。フランスがヨーロッパの代表的な「移民国」であることは、ジネディヌ・ジダン選手に代表されるサッカーナショナルチームの陣容によって日本でも知られるようになった。そして、この郊外の事件はいっそう強くこれを印象づけたことと思う。

この国はしばらく前から、移民の社会統合の困難、危機をさまざまに経験している。本書は、これに光をあて、その社会的背景をさぐり、この国が少なくとも大革命以来培ってきた「平等」の理念と「共和国的」統合モデルが正当かつ有効であるのかどうかを問い、どんな変化が求められ、現に追求されているかを展望しようとするものである。

一世紀以上前からフランスは外来労働力に依存した社会だった。ベルギーのフランドル地方が不作にみまわれると、農民たちは村を後にし、国境を越えてはリール、ルーベイ、ロンウィーなどの工業地帯に働きに来て、安定した職を得ると、定住した。また南仏の大港湾都市マルセイユでは、イタリアからの移民抜きでは、港湾・船舶関係の業務はほとんど動かなかった。一九世紀末、国内にはすでに四五万人のベルギー人、二八万人のイタリア人、合わせて二五万人のドイツ人・スイス人・スペイン人等が生きていた。プッシュ－プル図式もある程度あてはまり、工業、鉱山、季節的農業労働の三大分野が吸引力をもち、隣の国々の豊かではない人々を引き寄せる。増加するベルギー人やイタリア人に対し、時に地元民のゼノフォビア(外国人排斥)も興ったが、市民社会としては比較的世俗性、平民性が高く、国籍法も外来者に開かれていたから、彼らの定住にさほどの困難はなかった。

では、その移民社会がずっと今日まで連続しているかというと、そうではない。二一世紀初頭のフランスで、不連続はなによりも、旧植民地となんらかの絆をもつ非ヨーロッパ移民がおどろくほど増加し、移民人口のほぼ半分に達している点に現れている。マグレブ系(アルジェリア、モロッコ、チュニジア)、ブラックアフリカ系(セネガル、マリ、コートディヴォアール、カメルーンなど)、アジア系(トルコ、インドシナ三国など)がそれであるが、彼らは隣接国移民とちがい、「ヴィジブル・マイノリティ」である。このことがどれだけ移民の社会的扱いに影響をあたえるか、無視できることがらではない。そのヴィジビリティは肌の色、母語、宗教実践、家族生活などにわたり、彼らはより周囲から異質視されやすい。なお、イタリア人、スペイン人など隣接国移民の多くは今では「EU市民」であり、条件の違いはもっと大きくなっている。

植民地出身ということは、二国間協定で労働者として受け入れられる「ガストアルバイター」(ゲストワーカー）のように、労働市場との関連でその存在が論じられるべき人々ではないことを意味する。まして第二世代の時代であり、多くがフランス国籍であり、労働市場の状態に応じて調整の対象となりうる存在では断じてない。にもかかわらず、「国民戦線」（ＦＮ）などは「失業の元凶、移民を減らせ」をスローガンに掲げ、これに共感する国民は意外なほど多い。移民の若者たちはもう帰れる祖国をもたず、フランスの中に生きるほかないのだが、彼らを襲っているのは社会的統合の危機である。それが、最もするどい形で抗議を呼び起こしている。じっさい、今、移民社会の中に失業というダークサイドが広がるとき、そこで最も周辺化されているのがマグレブ系、ブラックアフリカ系、トルコ系であり、失業率は二〇～二六％と、イタリア、スペイン系の二倍を優に超える。

　フランスは、「平等の祖国」という自負をもちながら、久しく憲法前文的な宣言をもって、移民の社会的受け入れに対応してきた。「平等」のフランス的考えは、社会諸成員をつとめて普遍的・抽象的個人として等しく扱おうとするもので、ヨーロッパ系移民を受け入れるには、それであまり問題がなかった。いな、この平等こそが、宗教や民族的所属にかかわりなくすべての社会成員に等しい権利、機会を認めることを可能にするとされていた。これはこれで重要な点である。だが七〇年代から移民たちの出身も変わる。やがて失業、排除が問題となるにつれて、高等統合審議会（ＨＣＩ）のような諮問機関もつくられ、正面から、「フランス的統合とは何か」が問われるようになったが、右の平等の考えがほぼ再確認される。

　では、「ヴィジブル・マイノリティ」の時代に、フランス的平等の理念は、成員の属性上の差異をどのように扱うのだろうか。いっさいの属性をカッコにくくり普遍的・抽象的個人として扱うとは、ヴィジブル・マイノリティにとってはいったい何を意味するか。それは、彼らが肌の色や、宗教や、日常行動を理由に差別されているという動かしがたい事実を素通りし、無視することではないのか。または、そのような実態を認識するためのトゥールを最初から放棄し、抽象的に「平等」を論じることにとどまるのではないか。それだけではない。たとえばリヨン市の郊外や、パリの近くのマント＝ラ＝ジョリ市の一角で、移民青年と警察の衝突などが起こり、事態にどう介入し、何を改善するかというとき、この「平等」観念がほとんど指針を与えてくれないことに人々は気づくようになる。

とすれば、もっと現実に即した「平等」の捉え直しが必要となる。いまやグローバル化の時代だ。アングロ＝サクソン世界の「エクイティ」の観念や、アファーマティヴ・アクションの実験の報も入ってくる。これをフランス的現実のなかで実施に移すための施策、「積極的差別」(discrimination positive)も、かなりの分野ですでに試みられている。だが、それでも、〇五年秋のパリ郊外の出来事を生じるような状況が存在する。なにが問題なのか。なにが必要なのか。本書ではそれについてもできるだけ答えてみたい。

また、本書ではつとめて、ヨーロッパ(EU)の中でのフランスの位置を見失わないよう、フランス一国主義の「視野狭窄」にはおちいらないよう、心がけた。

目次

プロローグ　「移民社会」フランスの危機
――なぜ今「平等」を問うか

いくつかの危機のシグナル

二〇〇五年秋の事件は、どんな危機のシグナルだったたか。事件へのフランス社会の反応を後日測ってみると、市民たちは、事の背景について理解に努めようとする少数派と、あたまから理解をこばむ大多数派に分かれたかっこうだ。〇六年三月に筆者がパリとボルドーで意見を尋ねた市民の大勢も、「ノンだ、彼らはなぜあんなことをするのか……」と冷たく言い放つ。いっぽう、マグレブやブラックアフリカ諸国出身の移民または第二世代がメディアのインタビューに答える言葉は異口同音に、「フランス人はみな平等だというが、企業に何十通と履歴書を送っても、われわれが移民と分かると、なしのつぶてだ」と怒りを隠せない。

この出来事に触れて各ニュースは、「移民出身の若者」(les jeunes issus de l'immigration)がこの事件のアクターであると報じたが、そう言い切れるかどうか、二重の意味で留保が必要かもしれない。社会の中の周辺化された若者たちが、出自がどうであれ、この機会に警官に日頃の敵意をぶつけ、破壊行為に参加することはありうることだろう、と社会学者はみる。また、「移民出身」なるカテゴリーも、人口学者は客観的基準（七七頁を参照）で定めるが、つきつめると曖昧さが残る。定義上はそうでも、本人は主観的にどう感じているか。人間は「多アイデンティティ的」存在である上、親が混合婚（国際結婚）である者などは、「移民」と関連づけられるのを拒むかもしれない。そうした点は、この社会の特質ともかかわっている。それでも、「暴動」は、まちがいなくフランスにおける移民の社会的統合の危機のシグナルをなしていると筆者は考える。それゆえ、本書も出発点にこの出来事を置いた。

同時に、それに劣らず深刻な事実のシグナルもみなければならない。車に火を放ち、警察と衝突した若者たちの意思はほとんど言語化されず、その行動は、運動の態をなしていなかった。彼らの行動は、学業から落ちこぼれ、社会化されず、有意味な言語象徴も操れない若者たちの弱さをも表していないか。それもまた、深刻な問題でなければならない。

そして翌〇六年の春から夏にかけて、新移民法が示されるなか、「サン・パピエ」（字義通りには「書類なき人々」）たちの追い詰められたような表情でのあわただしい動きが展開された。四月、パリのシテ島のなんと警視庁の真向かい、壮麗なステンドグラスで知られるサントシャペル堂内を数十名のアフリカ系移民が占拠。同法の撤回を要求した。そして猛暑の襲った七月初め、わが子の就学証明書を手にし、正規化をもとめる数千人の汗だくの「サン・パピエ」家族が警察署の前に連日列をつくった。新移民法は内務大臣ニコラ・サルコジの名と結びつけられるもので、未来に向けては選別的な移民受け入れ、過去からの不正規者の堆積には、正規化のストップ→送還という二面作戦をとっている。

正規化は、長年のフランスの伝統であり、「人権大国」のシンボル的意義ももっていた。事実上成立している雇用関係を追認するため、人道的理由から滞在を認めなければならない人々や、送還措置を実際に取れなくなっている人々を社会成員に組み入れるため、必要な措置でもあった。移民社会フランスは、こうした仕組みの柔構造によっても支えられていたのだ。正規化の措置は、「現実主義的」かつ「人道的」というモットーを掲げ、他のヨーロッパ諸国にも影響を与えてきたのだが、それが本家フランスで放擲されるのだろうか。これも、ささやかな、と見えるだろうが、危機を現すシグナルといえよう。

炎上した車両と“暴力反対”のデモ行進の市民たち(パリ郊外オルネー・スー・ボア市. 2005年11月)

変貌した移民社会

フランスは自らを「移民国」(pays d'immigration)と称するのをいとわない。歴史的にみれば、この国特有の人口増加の停滞が、一九世紀後半という早い時期から周りの国々からの移民受け入れを必然化した。それに、第一次大戦で生じた甚大な人口欠損をうめるという必要もくわわって、組織的な外国人労働者の受け入れも始まり、一九三一年には滞在外国人はすでに約二八九万人（人口の七％）に達していた。その約八割は、ベルギーなど隣接ヨーロッパ諸国だった。なお、この増加に一部反映されているものに、（広義の）難民があることを忘れてはならない。ユダヤ人やその他東欧からの離郷者、第一次大戦下オスマン・トルコの「虐殺」を逃れたアルメニア人、十一月革命後の亡命ロシア人、フランコ軍に敗れたスペイン共和派の軍人・市民など、一九世紀末から両大戦間期にかけ多数の外国人が受け入れられている。後三者だけでも計一〇〇万人は下らないだろう。

第二次世界大戦後、あらたな外国人労働者の受け入れも始まるが、ヨーロッパ諸国中心という構成は大きくは変わらなかった。

ところが一九六〇年代以降、大きな変化が訪れる。

たしかにイベリア半島の二つの国からの入国がいちじるしく増えるのも六〇年代からであるが、構造的により重要なのは別の動きだった。思い切った言い方をすれば、主に旧植民地からの人の大量の入国によって、「移民社会」があらたに再形成されるのである。これは重要な点である。ヨーロッパ系に代わり、マグレブ、ブラックアフリカ、東南アジア（インドシナ三国）系などが増加し、これにトルコを加えると、一九九九年には合わせて、外国人人口の五五％、移民人口の五二％を占めるにいたった。こうした実態の大きな変化が生じるなかでなお、フランスは伝来の「平等」や「統合」の観念、原則を維持しつづけようとする。それが無意味だというのではない。しかし新しい状況に応じた、原則の修正や再定義は必要となり、その議論は欠かせなくなっている。そして、フランス内部でもそうした議論は八〇年代から興っていた。

フランス的「平等」観念

国民統合、移民の統合におけるフランス的な「平等」とはなにか。くわしくは二章で述べるつもりであるが、法の下での平等、属性・所属を捨象した個人の平等という考え方がその核に置かれている。だから、ついでにいえば、この議論は、エスニシティ関連のコンセプトや考え方とはなかなか相容れない。古代ギリシアから現代へと変遷する ethnos, ethnicus, ethnie などは、もともと差異性に否定的に着目した概念系列である。たとえばラテン語 ethnicus は「異教徒」を意味した。その差異を本質化し、race を思わせる用法に近づくとき、フランスの議論は ethnie の用語をしりぞける(マルティニエッロ、二〇〇二、一七～一八)。以上とは逆に、フランス的平等論が押しだすのは、普遍的な「他者と類似した個人」(individu semblable aux autres)なのだ(Conseil d'Etat, 1998, 64)。

さて、ヨーロッパ系の移民が圧倒的にマジョリティであったかぎり、彼らは右のような平等を受け入れ、自ら同化し、違いも目に付きにくいものになっていった。だが、一九六〇年代以降の移民社会は、肌の色や母語の違い、文化背景の違い、宗教と宗教観の違いなどをもったメンバーによって構成される。もしかれ・彼女らを、属性を考慮せずに等しく扱うならば、ある者は満足するかもしれないが、ある者は欺瞞的と感じ、またある者は不利な条件のなかに置き去りにされると感じるだろう。

また平等となるための条件として、国籍取得の意義がつねに説かれてきた。ひとたび「フランス人」になればすべての差別は消滅する、と。出生地主義（*jus soli*）を加味した国籍法は、一九世紀後半、ヨーロッパ隣接国移民の定着と国民化を進めるために取り入れられたのであるが、その一世紀後には、非ヨーロッパ出身移民のフランス人化をも推し進める。

しかし複眼をもって見なければならない。マグレブ系や西アフリカ系の若者にとり、「フランス人になること」は、イタリア系やスペイン系の若者のそれと同じ意味をもつだろうか。そうとはいえまい。「フランス人になっても、社会的扱いはいっこうに変わらない」という声を聞く。四〇％という高失業を経験している非ヨーロッパ系の移民の若者の大半が、すでにフランス人であるか、または将来フランス人となる候補者であるという事実から、この現実を知ることができよう。

「フランスを外国とは思わない」——平等意識と差別への敏感さ

一九九九年の国勢調査データから、非ヨーロッパ系移民の七割が「フランスの旧行政管轄下にあった」植民地、保護領、保護国の出身者であることがわかる。マグレブ系がより古く、ブラックアフリカ系が増えるのは一九八〇、九〇年代だが、いずれもポストコロニアル移民の特徴は残している。彼らの意識のあり方はどうなのだろうか。

その意識の特徴をつかむため、フランスとの植民地的絆をもたないトルコ系の移民と比べてみる。

ドイツにおけるトルコ人の存在があまりにも有名だが、フランスにも三〇万人以上のトルコ系の人々がいる。彼らはもともと、一九六九年に調印された二国間協定で労働力として受け入れられたもので、いわば「ガストアルバイター」であり、そのような管理を受けた（難民受け入れのあるクルド系は別）。受け入れ後の配置も移民管理事務所（ＯＮＩ）のコントロールを受け、アルザス、ロレーヌなどに多く、パリ周辺に登場するのは比較的最近のことである（Irtis-Dabbagh, 2003, 43）。フランス語にハンディがあり、国内に身寄り・親戚はなく、黙々と働く人々というイメージが強かった。その第二世代も増えてはいるが、概して目立たない。筆者の知る数少ないあるトルコ人学生は、第二世代について、「新参者意識が強く、フランス語も自由とはいえず、親も「トルコ人であることを忘れるな」とよく言うので、まだあまりフランス社会に参加しない」と語っていた。

それに比べ、マグレブ系、アフリカ系は、フランス語のハンディを自らは意識しない。また、アルジェリア系を筆頭に、独立前に「フランス人」として扱われ、ないし「フランス人と平等」ということばを聞かされてきた父祖をもつ者は少なくない（実際には「二級市民」扱いだったにせよ）。二重出生地主義（double *jus soli*）の国籍法により、生まれて自動的にフランス人になる者もいる。カビール系アルジェリア人のアジズ（宮島、二〇〇四ｂで紹介）は、「先祖代々出稼ぎに来ていて、フランスを外国とは思ったことはない」と言っていた。ブラックアフリカのマリ、モーリタニア、セネガルの移民も独立当初、身分証明書携行だけで入国、就労が認められていた（Fall, 2005, 83）。

こうして培われるのは、「自分はフランス人」ないし「フランス人と変わらない」という対等の意識である。じっさい、若者の多くはフランス国籍となっており、あの「暴動」のさなかの一一月一四日のテレビ演説でも、シラク大統領は「かれ・彼女らはすべて共和国の息子であり、娘なのであります」と語らざるをえなかった。この平等意識は当然ながら、くわえられる差別に敏感に反応する。学校での進路指導や、求職の際に「移民」として経験させられる「異なる扱い」は、彼らのなかに怒りを呼び起こす。「平等」の言葉は青少年のなかでつねに喚起され、フランス人と同じ行動をして認められたい、という思いをつのらせる。同じようにバカロレア取得のコースに進みたい、CV(履歴書)を送れば同じように就職面接をしてほしい、深夜外出しても同じように警官の尋問を受けないですみたい、等々。「同じフランス人なのに、警察、学校、企業はわれわれをそう見ていない」という言葉が彼らから語られる。百パーセント言い分通りかどうかは別として、そうした意識構造が、今日の問題にかかわっている。

「移民国」とは?

フランスを「移民国」と呼んできたが、もちろん「移民国」の確立された定義などあるわけではない。筆者としては、外国人または外国出身者が大量に、継続的に住んでいる国については、その点だけからは、「デ・ファクトな受け入れ国」と呼びたい。日本などは、どちらかといえばこれにあたる。それに対し、制度的に一定の要件を備えている外国人・移民の多い国を、狭義に「移民国」と呼びたいと思う。「新大陸」の国々、イギリス、フランスなどにある程度共通する特徴に目を向ければ、その定式化は可能なように思われる。

筆者は暫定的にこの「移民国」の制度要件をあげてみたことがある（宮島、二〇〇三、二五四〜二五五）。すなわち、

——定住する移民を想定した法的滞在資格を備えていること

——裁量によらない国籍取得手続き（権利帰化）を定めていること

——領土内で出生したという事実にもとづく何らかの権利が制度化されていること

——重国籍など複数の所属に寛容であること

——多少とも包括的な統合政策が行われていること

——文化的タームでよりも、「所属」やその意志によって定義されるような「国民」の観念をもっていること

もちろん、それらの要件を右記の国々がみたしているかどうかの検証は容易ではなく、厳密には検証は不可能だろう。それでも一応の目安となると考えられる。たとえば最近のドイツが「移民国」と呼ばれるのは、九〇年代に入って、権利帰化制度、出生地主義を加味した国籍法、条件付きながら重国籍の容認などを実現してきたからこそである。

そしてフランスは、ヨーロッパの中のしにせの移民国というわけであるが、この国は、他国では必ずしも明示化されない独自の原則、制度を一つもっている。それは「非宗教性」（ライシテ laïcité）または「政教分離」のそれである。

「ライシテ」とムスリム移民

「フランスは非宗教的共和国である」という規定が、現行第五共和制憲法前文にもある。それが、歴史的には人々の「平等」の担保として重要だった時期がある。日本も、現行憲法第二〇条によって国と特定宗教の結びつきの禁止、国の宗教活動の禁止を定めている政教分離の国であるだけに、フランスでの議論に無関心ではいられない。原理的にいえば、人々を属性、所属に関わりなく個人として等しく扱うという平等観に、非宗教性の理念が含まれている。そして、それがフランス革命時に全市民の法的平等を実現し、一九〇五年の政教分離法でカトリック教権と共和国の関係が整理され、以後ライシテが人々の権利や平等の問題にかかわって大きな争点となることはなかった。

それが、一九八九年秋の「イスラームのスカーフ」事件以来、移民のフランス社会への統合の指標の一つとして「ライシテ」がクローズアップされ、周知のようにムスリム女子生徒の公立学校内のスカーフ着用の禁止と抵抗という形で争点が生じた。新しい段階のライシテが舞台に引き出されたのだ。ただ、〇五年一一月の「暴動」にはなんらイスラームは関係しなかった。彼ら第二世代の生活の中ではイスラームは、集合的に実践する儀礼であるよりはむしろ個人的信仰の問題になっていて、その点の区別は立てられている。

といって、彼らの日常意識に葛藤が埋めこまれていないわけではない。ムスリムであるゆえに社会が向ける眼差しに敏感であり、イスラームがとかく「暴力」「女性の従属」「ファナティスム」などのイメージで見られていること(Gastaut, 2000, 508)を日ごろ肌に感じている。それが、くりかえし経験され、若者たちの社会的疎外感の中におりのように沈殿し、うっせきする反抗心の一つをなしたことは考えられる。

その観点からすると、「スカーフ」問題でこの間にフランス社会がとってきた、次第にエスカレートする対応は、ごく一部の少女を直接の対象としているようにみえて、マグレブ系の全体に重いスティグマ(負の刻印)を付すものではなかっただろうか。ライシテの原則は、カトリック権力の公生活支配を退けることを趣旨とし、私的な場での信仰の保障として、打ちたてられた。だが、〇四年三月の宗教表徴禁止法制定まで行き着くプロセスをみていると、この原則の適用が、公の理由開示が十分なされない政治的な懸念の下、かつ未成年者への人権上の問題もはらみながら、推し進められたという印象をぬぐえない。

社会的統合の危機

冒頭にも触れたつもりだが、フランスでは、移民たちの「共和国モデル」への適応という意味での統合(文化的統合!)の必要が叫ばれるのにくらべ、社会経済的な統合への具体的施策がなおざりにされてきた。著名な移民研究者の一人、G・ノワリエルはつい最近、過去二〇年来「移民の統合」についてあれこれと論じられてきたが、それらの言説は、社会的次元の問題である失業、貧困、居住団地の荒廃、それらへの〝反乱〟などにまともに関わろうとせず、まったく不毛だった、とさえ書いている(Noiriel et al., 2005, 9)。文化的に統合を果たし、「フランス人」になれば、おのずと平等への障壁はなくなる、という神話が暗に生きていたのだろう。

実態に目を凝らすと、まず、学校教育のレベルで、平均して移民たちのディプローム(修了免状)の貧しさ、子どもたちの進学格差が目にとまる。たとえばフランコフォン(フランス語圏出身者)ではないトルコ系の移民の学業失敗率は突出しているが、この背後には言語資本上の不利、社会的孤立、差別の眼差しなど、さまざまな問題が控えている。植民地出身移民については、不思議なほど楽観的に「言葉の点で問題はない」と信じられてきたが、実は言語資本上の問題があることが指摘されるようになった(宮島、一九九九、一八九)。これに特別の有効な措置を講じなければ、学業失敗者の再生産はつづくだろう。

これは移民たちの失業問題にある程度つながっていく。構造的問題として、脱工業化、ハイテク化、IT化など労働市場の変化に十分適応しえないというミスマッチがあることは指摘しなければならない。たとえば、デパート、スーパー、大規模店、公共施設、催し物会場などの出入口で客の監視をつとめる警備員は、マグレブ、アフリカ系の青年が就く代表的な仕事の一つであるが、今日の労働市場の中ではまさに周辺的な不安定雇用である。一部に、現代の労働市場に適応する者も出てきてはいる。個人として突破を試み、努力し、高いディプロームを取得し、競争に伍して高度職業能力世界へ、と進む者はいる。三〇歳前後の第二世代で、エンジニア、研究者、リセ教師、医師、医療技術者、建築士、栄養士、助産士等々が散見されるようになった。その上でなお問題なのは、失業または就業困難について、民族的出自による差が大きいことである。

マグレブ、ブラックアフリカ、トルコという三つのグループが、他を引き離して雇用上不利な条件に置かれていることは、限られたデータからでも確かめられる。これには学業挫折、低ディプロームによって説明できる面もあるが、右にみたように、説明できない面もある。条件がほぼ同じならば、雇用が拒まれるのは彼らであり、ヨーロッパ系の移民たちに比べての不利は明らかなようである。筆者は、特にこれらの点で、フランス的統合は危機にあるとみている。その差別のメカニズムについては、第4章で、事例に即して触れてみた。

郊外の移民の若者の孤立と排除

「郊外」という彼らの多くが起居する空間はいったい何であろうか。たしかに移民の若者と警官との衝突は、パリやリヨンなどの郊外の町々で発生することが多かった。なぜだろうか。大都市の、郊外ならぬインナーエリアにも、移民が棲む街区はある。が、概して小規模な設備も古いアパート（たとえばパリ一八区のバルベス地区）は、八〇年代以降の家族呼び寄せでサイズが拡大した一家を容れることができず、それらの世帯は、七〇、八〇年代に勤労者用に郊外の地区に続々建設された一戸当たり面積の広いＨＬＭ（適正家賃住宅）に応募、入居する。だがこれらのシテ（集合住宅地域）は十中八九、在来コミュニティのない新開地に立地し、交通機関、商店、学校にも不便であり、入居者は孤立を経験する。シテには非移民のフランス人世帯ももちろん入居してくるが、所得が上がると他へ転出していき、移民の割合は高くなる傾向にある。

郊外のシテは、移民出身青少年の職探しによい環境ではない。職にかんする民族情報ネットワークはうまく機能しない。公共職業紹介所(ＡＭＰＥ)は遠い。製造業が後退し、郊外に多かった職場も閉鎖されていく。彼らは、先にも述べた警備のような仕事に就いたり、数日間の短期契約で運搬作業、イベントの下働きなどをするが、生活の将来プランなど描けない貧しさ、不安定のなかにある。薬物使用や非行に引きずり込まれる者も出てくる。

「ゲットー」。フランスの政策担当者がつねに嫌ってきたこの言葉を、一一月の出来事以前からすでに、郊外のシテに充てるのはやむなしとする研究者やジャーナリストに出会うようになった(たとえば Maurin, 2004)。「ゲットー」はメタファー的でステレオタイプ用語で、社会学的使用に耐えないものだが、最近の郊外論でこの言葉がよく使われるのは、失業、貧しさ、孤立、隔離、等々のイメージが連合するからだろう。

かつて移民たちに社会とのつながりをもたせる上で労働組合や政党の役割は小さくなかった。彼らは、フランスの土を踏んで、まず故国の同郷者コミュニティに迎えられることもあったが、それとならんで就労先の企業の現場で仕事仲間、労働組合に迎えられ、社会参加の手ほどきを受けた。製造業ブルーカラーの組織化ではＣＧＴ(労働総同盟)の存在は大きく、これに連携して、地域では主に共産党の支部が移民たちの声(なかでも住宅の要求)を汲み上げていた。だが、脱工業化が進み、労働組合組織率が低下し、共産党もやせ細った。移民第二世代では、マグレブ系、アフリカ系の失業者が四割を越えるありさまで、そもそもフルタイム職場というものを知らない者が少なくなく、よけいに労組や政党との縁が薄くなっている。

移民の若者たちの社会的孤立については、もう一〇年ほど前から高等統合審議会（ＨＣＩ）によって警鐘が鳴らされてきた（HCI, 1997）。彼らの居住するシテでは、ほとんど学校以外に社会的絆といえるものは存在せず、保護者たちは学校に過大な矛盾してさえいる要求をもちこんでくる、と報告されている。バランスのとれた社会的環境が必要であろう。絆の形成にいくらかでも貢献できるのは、ＮＧＯの諸アソシエーションだろうが、その発展はフランスの場合、かなりの程度まで公的な援助の大きさにかかっている。だが、今世紀に入ってその援助の削減が問題化している。

何が可能であり、なされるべきか

四半世紀前の一九八一年夏、移民の若者の抗議がリヨンの郊外都市に発生し、車が焼かれ、初のショックをフランス社会に与えたとき、当時の左翼政権の対応は早く、全国にわたる「教育優先地域」（ＺＥＰ）政策を翌年七月には出発させている。これは、「フランス的平等」の原則を質的に越えるポジティヴ・アクション（フランス語では“discrimination positive”という）を導入したもので、移民・外国人の子どもたちが多い、多課題の学区を指定し、優先的・重点的に教育資源を投入するというものである。以来、フランスでは政策担当者や研究者のあいだではポジティヴ・アクションの検討がなされ、実施の実験はかなり行われてきた。指導的な移民研究者の一人Ｊ・コスタ＝ラスクーは、「アファーマティヴ・アクション」の語を避けながらも、今や移民の統合政策の柱として、彼らの社会的・経済的・文化的不平等を補償する政策が必要であると説いている（Costa-Lascoux, 2004）。

ところが〇五年秋の事件の後、肝心の政府は、治安問題視を超える改革の方向を打ち出していない。大統領シラク自らが、移民の若者への重大な雇用差別が行われていることをテレビ演説で認めていながら、である。個人的資源のみでは高度な資格の獲得も、競争への参加も困難であるような行為者が少なくなく、属性による差別・排除が行われる職業世界があるとき、問題がこれにどう有効に介入していくかにあることは明らかであろう。このための有効なポジティヴ・アクションが打ちだされるだろうか。

筆者は、「フランス的平等」を超えるため平等の再定義を行い、不利をこうむっている社会成員へのポジティヴな差異的対応の正当性を基礎づけようとする企てにかねて注目してきたが（宮島、二〇〇二）、本書では、フランス的現実に即してさらにこれを多面的に検討している。その際、強調すべきだと考えたのは、フランス的「普遍主義」と、現実に差別、周辺化をこうむっている移民集団の存在の事実をどのように折り合わせるか、いな、後者のために「普遍主義」をどう修正するか、である。また、移民の文化やアイデンティティの領域をも、ポジティヴ・アクションに取り込むことも必要であると考える。フランスではもっともデリケートな問題であるが、移民の母語、宗教、アイデンティティなどがこれまであまりに軽視（ときに危険視）されてきたことに、いま再考が必要だと思うのである。

現実と向き合う必要

フランスが今、真にＩＴ関係の高度専門職を外に仰ぐ必要があるのかどうか、筆者には判断がつかない。もし必要ならば、新移民法の推進者サルコジ内相の唱えるような選択的受け入れはあってよい。しかし、そのことと家族呼び寄せや長期滞在者の正規化の制限を抱き合わせるのは、どうであろうか。今日のフランスで移民たちを懊悩、不安におとしいれているこの問題は、深刻である。

家族再結合をめざし来仏した主にブラックアフリカ系の人々、それぞれの理由で難民の申し立てをする人々、長期の超過滞在のなかで子どもが成長し就学もさせている人々、これら外国人には、正規化への期待があった。人道的な配慮から、また雇用に就いている者にはそれを正規化するため、合法的な滞在資格を与えていくのは、従来フランスの伝統だった。彼らが自らを「不法者」ではなく「サン・パピエ」と呼ぶのは、その文脈に身を置けば理解しうるところである。ＮＧＯや世論が、新移民法に簡単に屈するとは思えないが、状況は困難を増している。

そして、やはり重要な課題は、マグレブ系をはじめとするもっとも雇用へのアクセスを阻まれている者たちに、どう焦点の合った有効な施策の道を開くかであろう。

移民の若者はしばしば目にみえる〝敵〟を警察とみ、やや抽象的な敵手として国家を設定し、この両者に抗議を展開するが、企業というものがよくみえていない。また、これに働きかける手段をもたない。それだけに国が企業にたいし監視の責任をいっそう負うべきであるし、地方公共団体も同様であり、この点はアメリカ等に見習うべき点はあると思われる。

ちなみに、移民問題に通暁するジャーナリスト、フィリップ・ベルナールが、二〇〇四年の地方選の前夜に次のように書いていたことを思い起こす。「ヴィジブル・マイノリティの成員たちに雇用を開く必要、これが重要であって、選挙を控えたおきまりの論戦という浴槽の水と共にこの赤ん坊を流してしまってはならない」(ル・モンド、〇四年一月二四日)。

そして二年後、一見地味な議論であるが、「民族的・人種的出自と結びついた特有の不平等が存在する以上、その出自に目をつぶるフランス的戦略は、差別の観察と分析を不可能にする」と批判する人口学者パトリック・シモンらの先導で、国勢調査等への民族的出自の項目の導入の議論が起こりはじめている(同、〇六年七月三日)。「共和国モデル」に固執する抵抗も根強いが、そのような論者とても、移民たちの失業、差別の現実に向き合うことをせまられていて、なんらかの答えを出さなければならなくなっている。

二〇〇六年七月に成立した新移民法「移民と統合」の主な内容は、㈠有用な技能や資格をもつ外国人を対象に、三年ごとに更新可能な滞在許可を与える制度の新設(修士号以上の学位をもつ学生には四年以上の滞在許可)、㈡家族呼び寄せで来仏する者、及びフランス人と結婚した者への滞在許可の条件を従来より厳しくする、㈢一〇年以上の滞在事実のある不法入国者に認められてきた正規化措置の廃止、㈣長期滞在希望者にはフランス語・市民教育の受講を求める、㈤国籍取得者には取得時に記念式典に参加させる、からなる。

第1章　ヨーロッパ移民社会の転換とフランス

与件の変化

「新しい移民大陸」という現代ヨーロッパへの命名(トレンハルト、一九九四)は、歴史の通念をいかにも逆手にとっているが、しかし実感させられる言葉だ。

かつてニューヨーク湾のエリス島(合衆国移民局が所在)が、移民が「新大陸」に第一歩を印する象徴的な場だったなら、二〇世紀後半のヨーロッパの「エリス島」はさしずめ、アフリカからの玄関口のマルセイユの埠頭、またはトルコやバルカン方面からの国際列車のすべりこむフランクフルト中央駅のプラットホームだっただろう。一九六〇年代に西欧の外国人人口は急速に増加し、七〇年代半ばのEC(九カ国)ですでに一二〇〇万人、今世紀を迎える頃にはEU一五カ国で約二〇〇〇万人、総人口の五・四%に達していた。そして外国人ならぬ移民、すなわち広義の国外出身者を数え、足し合わせると、二五〇〇万人に届くかもしれない。

ヨーロッパの戦後の移民史は複雑だ。ドイツは、東方からの、「被追放者」となったドイツ人と亡命者の受け入れから、イギリスは戦後復興の労働力の調達のための「ヨーロッパ志願労働者計画」(EVW)と亡命ポーランド人の労働市場への組み入れから、そしてフランスは、人口家族高等諮問委員会(HCPF、一九四五年四月設置)の提案の下、いわゆる人口増加政策(politique du peuplement)から、これを出発させている。ただ、ここでは詳細に立ち入らない。

六〇年代以降に視野をかぎれば、イミグレーションの流れは、各国の高度経済成長を可能にするためのガストアルバイターと植民地出身労働者の大量の受け入れ、そしてその後に上昇カーブを描く再結合家族と庇護申請者(難民)の到来として、ほぼ整理できよう。しかし、以後四〇年間は決して連続的な時間ではなかった。筆者はそこに、イミグレーションの流れが大きく変わる二つの分水嶺と、それに関連したイミグレーションの四つの与件の変化をみいだしたいと思う。

一つは、六〇年代以降の移民の出身地のヨーロッパ内からヨーロッパ外への目だった変化、いま一つは、ほかでもない、七〇年代半ばの「オイルショック」である。そしてやや細かくみた与件の変化としては、㈠「ヴィジブル・マイノリティ」中心への移民の構成の変化、㈡移民の世代交代と「国民」化、㈢脱工業化に特有の労働市場へ、㈣イスラームなど宗教文化次元の争点化、が共通にあげられる。

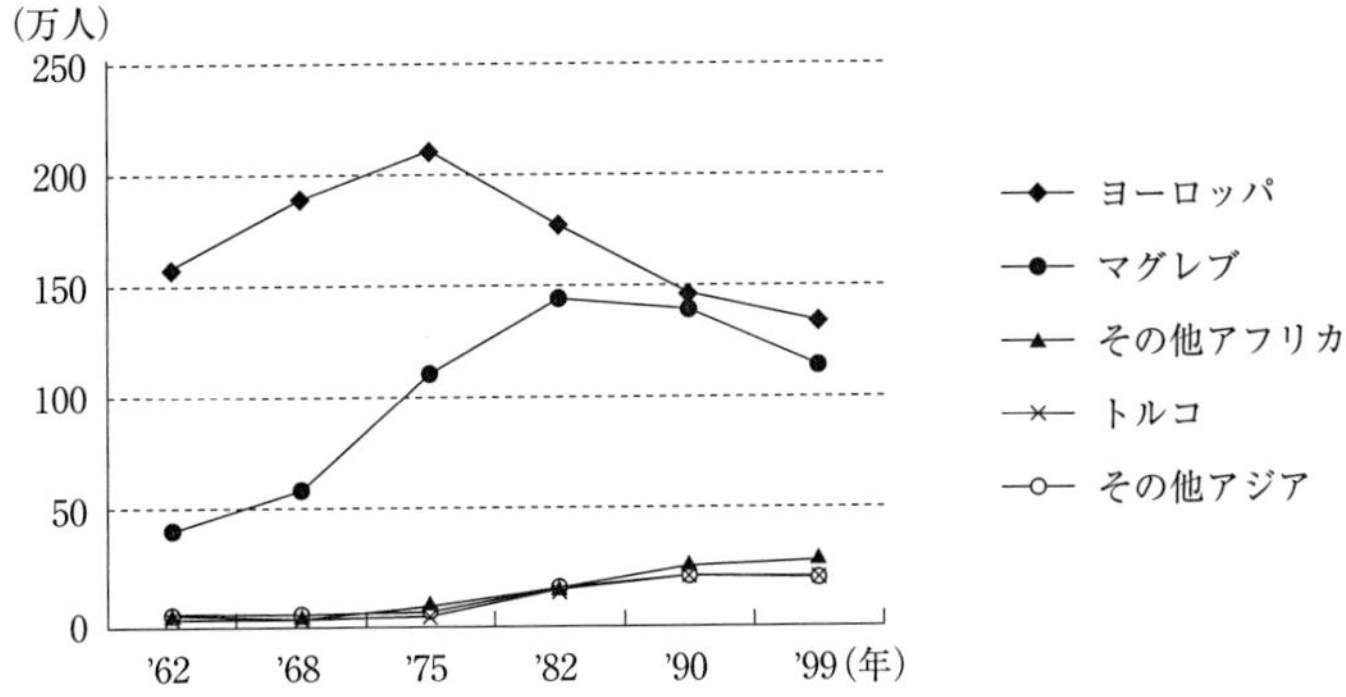

図1-1　出身地域・国別の外国人人口の推移(フランス，各国勢調査年)

移民社会の再形成と変容

イギリス、フランス、オランダがかつて植民地大国だったことがあらためて想起される。今日、それぞれの移民人口は、インド亜大陸系、西インド諸島系、マグレブ系、西アフリカ系、さらにモルッカ人、スリナム系といった旧植民地系抜きには語れない。そしてその人々の到来は、旧植民地の独立とその後の国情に規定されていた。

フランスは、両大戦間期にすでに最大で三〇〇万人近い外国人人口を擁し、つねに高水準の受け入れ国でありつづけ、隣接ヨーロッパ諸国といくつかの東欧の国が移民供給国だった。この点は戦後のある段階まで大きく変わってはいない。たとえば一九五四年の外国人人口約一七六万人についてみてみると、ベルギー人を筆頭にスペイン人、イタリア人、ポーランド人などヨーロッパ系が約一四〇万人と、八割を占めている。当時アフリカ系は約二三万人であり、うち、行政的に一県をなしていたアルジェリアの出身者(国籍的にはフランス人)が約二一万人だったから、差し引き、その他アフリカ系は二万人にも満たない計算となる。ところが、六〇年代以降変わる(図1-1)。非ヨーロッパ系移民の明らかな増加が読み取れる。

背景は次の点にある。モロッコ(一九五六年独立)、チュニジア(同)、セネガル、マリ、モーリタニア(いずれも六〇年)、アルジェリア(六二年)と、旧植民地ないし保護国のフランスからの独立が期せずして生じる。独立後、経済的国づくりに苦闘し、人口増に悩むこれらの国は、移民受け入れを旧宗主国にもとめ、フランスはそれらの国にもっていた権益(資源採掘、軍事基地など)や友好関係の維持のため、これを受け入れる(宮島、一九八六)。フランス本土への渡来に制限の少なかったアルジェリア出身者は独立の年の六二年に三五万人を数えたが、同年モロッコ人、チュニジア人は合わせて六万人にすぎなかった(Granotier, 1970, 49)。それが、その後の経過をいっさい省略していえば、八〇年代にはマグレブ三国の合計が一五〇万人近くに達していた。これにブラックアフリカ、インドシナ系をプラスすると、在仏外国人の半分近くを占める。六〇年代以降における移民社会の再形成という意味はこの点にある。

イギリスでは、アイルランド系は別として、戦中・戦後の外来者といえば、ポーランド人かユダヤ系が中心で、植民地(コモンウェルス)出身の「カラード」「黒人」は少なかった。一九四八年六月、四九二人のジャマイカ人が一汽船で舶載されてきたことが、新コモンウェルス移民開始の日付として語られる(木畑、一九八七、二四七)。やがてそれを制限する立法(一九六二年連邦移民法など)が必要となるほどに、増加をみるのである。

オランダでは、スリナムの独立(一九七五年)前に多くの同系の移住があり、インドシナ、アンティルなどの出身者を合わせると、四〇万人に達していた(Richard, 2005, 54)。

こうした変化が、社会にどんなインパクトをもたらしたか。ヨーロッパ内移民ではなく、途上国の移民が増えてきて、八〇年代にはいわゆる「ヴィジブル・マイノリティ」を形成し、「同化」や「共生可能性」についてマジョリティ側から種々の議論を生じさせる。その上、これら植民地系移民は、二国間協定で受け入れられる「ガストアルバイター」とは意識の上でも異なっていた。かつて同じ帝国の一員だったと意識する者もあり、比較的平等意識が強く、旧宗主国の居住や滞在を当然視する傾向があった。

これに対しイギリスでイノック・パウエルなど人種排斥的な政治家の言動が生じる。フランスでは、ピエノワール(フランスに引き揚げてきた旧アルジェリア在住ヨーロッパ人)を中心とする人々の反アルジェリア感情は、怨念を含み、屈折していた。移民への殺傷事件がひんぴんと起こる。信じがたいエピソードだが、七〇年代にリモージュの町のあるビストロには、「県庁のお達しにより、アルジェリア国籍者の入店お断り」という貼紙が登場した(Schor, 1996, 253)。むろん県はそんな決定はしていない。移民排斥を唱える「国民戦線」(FN)の誕生にも、党首ジャン＝マリ・ルペンがアルジェリア戦争従軍者だったように、この流れがかかわっていた。

オイルショックと葛藤の一〇年

（第一次）オイルショックが七三年一〇月の第四次中東戦争に伴う事態だったことは今さらいうまでもない。フランスも（西）ドイツもベルギーも、新規の外国人労働者の受け入れを停止し、実はこの状態は基本的に現在まで続いている。フランスでは、七四年七月三日の閣議で決定され、"suspention"の語が使われたように、一時的な措置という意味合いがあった。労働組合が外国人労働者の受け入れをどうみるか。これは一般に労組にジレンマをつきつけるものであるが（Penninx & Roosblad, 2000）、右の「中断」の時、CGT（労働総同盟、共産党系）の見解も次のようなものだった。「失業が増加し、正規化が拒まれて〝送還〟される移民も生れている。現時点で、新規移民を国外から移民管理事務所を通じて〝補充〟したい雇用主が受け入れ契約を申請しても労相がこれを認めない、と決定したことは、基本的に理解できる」。CGTにおいても、国内の失業増への懸念が先行したのだ。

ただ、受け入れ停止は単にオイルショック後の雇用状況悪化のみによるのではない。ドイツは七三年一一月、オイルショックの結果をまたずに受け入れを停止、スウェーデン、スイスも同様だった。ドイツの場合、外国人労働者のいやます統合の困難（住宅等のインフラ整備の遅れ、彼らの独自ストなど）が、受け入れを続けることを再考させた主要因だったという（トレンハルト、一九九四、四二〜四六）。

なお、アルジェリア人の来仏は七三年九月にストップしているが、これはピエノワールによるたびたびの移民襲撃に強い懸念をいだくアルジェリア政府のとった渡仏禁止措置によるもので、時期的にも中東戦争とはまったく関係がない。

オイルショック後の一〇年間がいま一つの「分水嶺」となる。ただ、そのことの意味は、マクロ統計的な確認だけでは汲み取れないものがあり、むしろ移民労働者たちの行動の様式、滞在のあり方に生じた質的・社会学的変化が重要である。

一九七七年、フランス政府(労働省移民労働者庁)は、七五年以来の国内の失業の増加の数字を引きながら、「帰国とは、人の移動におけるノーマルな展望の一つであります」と書いた(Secrétariat d'Etat aux Travailleurs Immigrés, 1977b, 123)。そして七七年五月から、一人一万フランの補助金付き外国人労働者帰国奨励政策を開始している。しかしやがて、帰国＝「ノーマルな展望」は、ほぼ希望的観測にすぎないことが明らかとなった。帰国－再来仏をくりかえす行動がやみ、すでに入国、滞在していた者の定住が進む。新規受け入れが停止された以上、「いったん帰国すれば二度と出稼ぎの機会はあたえられまい」と判断した労働者は、むしろフランス定住の意志を固めたからだ。

定住を考える移民たちが、人として次に要求するのは故国からの家族の呼び寄せである。ここから先は、各国で葛藤をはらんだ過程がつづく。各国は、新規受け入れストップというタテマエ上、家族呼び寄せを認めるのには消極的だった。外国人労働者の削減のねらいからすれば、妻、子がいずれは労働市場に登場することが分かっているのにこれを認めるべきか、という抵抗が当然に起こった。しかし、ヨーロッパ的解決は、人権団体の運動、欧州人権条約の存在などにより、けっきょく家族再結合の承認へと向かった。フランスでは、家族が共に生きる権利を認めるのは共和国の伝統だとする移民支援団体ＧＩＳＴＩ（「移民労働者情報・支援集団」、七二年に創立）の訴えと、最高行政裁判所にあたるコンセイユ・デタの裁定がはたらき、七六年の政令で、さまざまな条件はつくが、ともかく呼び寄せは認められる。その条件であるが、認められる「家族」とは、フランスにかぎらずどこでも、配偶者と未成年（または労働年齢以前）の子という範囲だったから、これにより西欧社会に定住する移民家族のライフスタイルが核家族としてのそれへと有無をいわさず限定される。なお一夫多妻の複婚家族は、フランスでは議論があった末、九〇年代に受け入れ不可とされた。

過渡期の「社会的編入」論

もう少し七〇年代のことを追ってみる。高度経済成長期、移民が経済的・人口学的必要という観点からとらえられ、雇用に楽観的空気が支配していたかぎり、移民の社会的受け入れはどうあるべきかをめぐる議論は起こらない。フランスでは労働市場の必要により、不正規滞在外国人も常時、簡単な手続きで正規化されていた。なお、彼らの住む掘っ立て小屋〝ビドンヴィル〟はあまりに劣悪であり、七〇年代に単身者用住宅「フォワイエ」、一時滞在集合住宅、そしてＨＬＭ（適正家賃住宅）と改善が進み、姿を消す。といって都心の狭い劣悪な住宅はなくならない。

ジスカールデスタン政権は七四年五月の成立の直後から、新規労働者受け入れの「中断」のほか、おそらくその意に反し、初めて自覚的な対外国人労働者政策の展開を迫られる。けれども「公の政策担当者たちの戦略の曖昧さ」(Wihtol de Wenden, 1988, 245) がつねに伴っていた。移民の「編入」(insertion) の必要が語られるのはこの時期で、七四年七月、移民労働者庁長官である閣外相(副大臣)が設けられ、住宅問題をはじめとする移民の編入が、公の課題に位置づけられる。当時、「統合」(intégration) という言葉は使われず、移民の定住が意識される七〇年代の後半でも、「編入」の語がよく用いられていた。先の移民労働者庁の『新しい移民政策』(Secrétariat d'Etat aux Travailleurs Immigrés, 1977b) も、「フランス社会への移民の編入の諸条件」といった具合に、基本的にこの語を使っていた。

「編入」の語は、移民がそのアイデンティティ、文化的特徴を保持しながら、社会的に受け入れられていくことを指し、そこには「同化ではない」というメッセージがこめられていた。そして次のような、今では信じがたい文言がフランス政府の文書にならぶ。「多元主義は、相違の承認から、とりわけ相違を豊かさの源泉と認めることから始まります。移民とともに生き、職業生活、個人生活の各瞬間において彼らを助け、手をつなぐこと、それは多元主義のもっとも完成された形態ではないでしょうか」(*Ibid*., 7)。

肯定された文化多元主義?

当時の施策のうちで曖昧さを示すのは、たとえば母国語教育だろう。七五年四月の国民教育省の通達は、移民子弟の出身言語・文化の維持は「フランスの学校に適応していくさいの積極的要素」になるという注目すべき認識を示していた（池田、二〇〇一、六九）。推測にすぎないが、アメリカの二言語教育の実践と理論などに注目する流れが同省にもあったのかもしれない。それでいて、七七年九月の通達では、出身言語・文化の学習の意義として、帰国した場合の適応の容易さが、並んであげられている。これが、先にふれた帰国奨励政策のスタート直後であることは注意されてよい。何のための母語教育か、で関係者の認識は揺れていたのだ。結果的に導入された「出身言語・文化教育」（ELCO）プログラムは、移民送出国との協定、すなわち「国際協力」の名による課外の母国語教育であり、イタリア、スペイン、アルジェリア他五カ国からの派遣教師にゆだねるものになった（給与も送出国もち）。国民教育省による実施、または在住移民団体への委託という方式（EU諸国ではこれが多い）はとられない。ELCOはその後もつづくが、移民の定住が進み、帰国の可能性がなくなり、母国基準の母国語教育にどれだけ意味があるか、と疑問視する声は少なくない。

七五年設立の移民文化振興事業団にも、今から振り返ると、「編入」論の影響がうかがわれる。それは「移民の自由な選択を保障するため」とされ、テレビ、ラジオの番組編成、芸術公演、余暇の組織化、共生などにかんし、移民のアイデンティティを尊重することをうたっていた（Wihtol de Wenden, 1988, 198）。

八一年五月のミッテラン政権誕生も、この風土を変えるものではなく、「相違の権利」や「多元主義」の観念は、同政権にも受け継がれた。フランスといえば「同化」であり「統合」であるといわれるが、この時期までは簡単にそうとはいえないのだった。

施策に前向き、しかし留保的だったドイツ

隣の西ドイツでは、同じ七四年に始まる社会民主党シュミット政権の時期がほとんどこれと重なる。短期ローテーションのなかにあった外国人労働者の多くが、次第に定住の局面に入る。一種のオンブズマンである「外国人委任官」が創設されたことは、施策に前向きだったことを示すものである。初代の委任官のハインツ・キューンは七九年、連邦政府に宛てた覚書で、一時的・功利的目的によるのではない統合政策として、第二世代の帰化請求権や外国人地方選挙権などの提言を押しだした。これは「戦後ドイツのもった外国人労働者関係文書のなかでももっともラディカルな文書」(宮島、一九九二、二五四)といえよう。

他方、連邦雇用庁などからは、統合政策へのもっと現実主義的な意味づけがなされていたのかもしれない。エッサーとコルテは早くも八〇年代半ばに、「ドイツ人の低出生率ゆえに一九九〇年代に予想されるいま一度の労働力不足」への対

トルコ系市民が多く住むドイツ，ケルン市の一角．服装の自由な女性もいる．

応という意味が、第二世代の社会的統合政策にこめられているともみている(Esser & Korte, 1985, 180)。当時、外国人は二〇〇万人、就業人口に占める割合は、一〇%をすでに超えていた。シュミット政権は、隣国のように帰国奨励政策はとらず、それは次のコール政権が実施することになる。しかし外国人労働者の問題には、概して慎重だった。ドイツ国民一般は自国が「移民国」(Einwanderungsland)であるなどという認識を受け入れるにはまだほど遠い、と判断し、またメディアや保守政党が扇動的に外国人排斥の主題をとりあげ始めたため、その術中におちいるまいと、外国人への地方選挙権付与などをイシューに含めるのを押さえたのである。

狭まる入国の道

家族呼び寄せ、庇護申請

三つのことを思い出しておきたい。

七四年前後の主な西欧諸国の新規外国人労働者受け入れ停止のさい、EC域内出身者までストップするわけにはいかなかった。労働者の域内自由移動(ローマ条約四八条)も定められていたからである。イタリア人労働者のドイツ、フランスへの入国はつづく(ただし、イタリアの経済発展によりその数はもはや昔日の比ではない)。だが、右の「停止」は、解除されず数十年継続するなかで、EC内移民－EC外移民を二分する差別政策という性格をおびる。

第二に、一九七四、七五年以降の各国の政策は、実質的なねらいと、ことばの上でいわれる建前が重ならない複雑なものになっていく。移民・外国人の編入の必要をうたったジスカールデスタン時代の政策を評して、J・コスタ＝ラスクーは「フランス政府は、肉体労働を安上がりでなくすることにより、外国人労働者をフランス人労働者に置き換えることを進めようとし、〔他方〕フランスに定住した移民の条件を編入・教育政策によって改善しようとしている」(Costa-Lascoux, 1989, 24)とみていた。これは、「外国人労働＝チープレイバー」に終止符を打ち、新規受け入れを抑えれば、国民労働市場防衛は可能になるとする論理だろう。

第三に、非EC外国人が入国を認められる道として主に二つが残された。一つはすでに述べた家族呼び寄せであり、その数はどこでも増加した。いま一つは、難民の道であり、たとえ政治的迫害の立証困難な者でも、このゲートを目ざして門を叩くことになる。庇護申請者の地位を得れば、なんとか滞在のきっかけをつかめると考えるからである。七〇年代の国際環境の諸変化を映し、アフリカ・アジア系難民も増加する。インドシナ半島の激変、ウガンダのアミン政権のインド系住民追放、スリランカの紛争とタミル系の人々の難民化、等々。フランスでは七五年から一〇年間に約一一万人のインドシナ難民が受け入れられた(宮島、一九九四、九一)。

帝国式受け入れも終焉

イギリスに視線を移すと、大陸諸国よりもさらに(旧)植民地中心の移民受け入れシステムが機能していた。しかし、一九八一年の新国籍法(八三年施行)による受け入れ方式は、一方で大英帝国の解体を、他方で脱工業化、産業構造の変容を反映していたのではなかろうか。R・ハンセンは、同法が、事実上「英国臣民」(British Subject)の地位を廃し、英国籍を初めて政治的実体と関わるメンバーシップと結びつけた、とみる(Hansen, 2000, 207)。つまり、イギリスの市民権を、「イギリス市民」(BC)、「イギリス属領市民」(BDTC)、「イギリス海外市民」(BOC)などに分け、出生、居住、血縁でイギリスと密接なつながりをもつBC(「パトリアル」とも言われた)のみが入国規制を受けずに、国内でフル市民権を行使できる存在とされた。他のカテゴリーに属する、コモンウェルスの独立国内にある者や、イギリス植民地に留まる地域(香港、バーミューダ、ジブラルタル、ヴァージン諸島など)にある者は、ビザなしには入国・滞在できなくなり、ほとんど外国人と変わらない扱いを受けるようになった。言い換えると、国籍法と入国管理の切り離しである。

こうなると、イギリスに滞在し、以後の扱いはBOCやBDTCとなるインド亜大陸系、アジア系、アフリカ系、カリブ海域系移民たちは永住の意志を固める。家族呼び寄せも行われ、ヨーロッパ諸国と類似した傾向となっていく。

一九七三年のイギリスのEC加盟は、域内自由移動の移民の増加をうながした。ただしその滞在数は、南欧諸国から労働者を受け入れてきたフランスやドイツとは比較にならず、八五年にはイタリア人七万九〇〇〇人以下、二～四万規模にすぎなかった(マイルズ/クリアリー、一九九四、一七六)。

表１-１　外国人労働者の就労産業部門(国別，1973年)

産業部門	西ドイツ	ベルギー	フランス	オランダ	スウェーデン	スイス
建設・土木	16.6	12.0	31.0	6.6	5.5	11.0
製造	59.8	42.0	33.0	82.6	58.8	51.0
流通	6.0	26.0	10.0	0.7	1.6	8.6
その他サービス	13.8		17.0	8.0	29.6	24.3
全体＊	100.0	100.0	100.0	100.0	100.0	100.0

＊上記の４つに分類されない産業も含む(単位　％)

労働市場の変化と移民の地位の脆弱化

ＯＳからどこへ

六〇年代から受け入れられた外国人労働者が高い割合で製造と建設・土木という二つの産業に吸収されていったことは、表１－１から明らかである(Secrétariat d'État aux Travailleurs Immigrés, 1977a, 17)。

ふりかえれば、六〇年代高度経済成長を引っぱった基幹産業、とりわけ自動車産業がまだ労働集約性が高かった頃、大量の移民がその生産ラインを支えた。しかし、そのラインではやがて、トランスファーマシン、ロボットの導入、全体のコンピューター管理が進行し、大部分がＯＳ(単能工)として入職していた移民たちは次第にジョブの廃止や格付け低下などリストラクチュアリングの脅威にさらされるようになる。八二年から八三年にかけてのフランスのルノー、シトロエン、プジョー、シムカ＝クライスラーなどの自動車の諸工場で、次々と争議が起こった。ほとんど初めての出来事としてマグレブ系の移民単能工たちが目立った役割を演じたが、その要求の一つ、「ＯＳからＯＰ

表1−2　在独トルコ人労働者の産業別分布の変化（単位　％）

産業部門	製　造	建　設	流　通	生産関連サービス	消費者関連サービス	社会的公的サービス
男子 1980年	74	13	6	1	2	3
1999年	55	9	15	6	8	6
女子 1980年	73	0	5	1	9	11
1999年	30	1	17	7	22	22

出所）　Bender & Seifert, 2003, 49.

〔専門工〕への格付け変更」などは、ＯＳ職種削減への危機感とみることができる（ル・モンド、一九八二年一二月六日）。もちろんＯＰへの変更は簡単には認められない。ルノーのフラン工場の争議では、塗装工が中心的役割を果たすが、まさに塗装工などはやがてマシンに置き換えられていく存在だった。

このため、その抵抗にもかかわらず、移民労働者の失業率上昇は避けられなかった。実は、八二年はフランスの国勢調査年だったが、理由はともかく、当時すでに「マグレブ移民出身の若者」は、他の出自の若者よりも一段と高い失業率にあったことが後にさかのぼって指摘されている（Fitoussi et al. 2004, 236）。

さらに、明瞭になるのは脱工業化であり、これは製造業部門からサービス部門への雇用の移行をうながす。その影響はたとえば在独トルコ人の上のような変化に現れている（表1－2）。

八〇年には八七％（男子）、七三％（女子）が製造業＋建設に雇用を得ていたのに対し、九九年には流通以下のサービス関連がそれぞれ三五％（男子）、六八％（女子）となっている。移民労働者イコール「製造・建設ブルーカラー」のイメージは崩れはじめる。いっぽう、産業・職業のサービス化が、全般に移民女性の労働市場への登場をうながしたことも注目すべきである。国により、出身国により差はあるが、たとえば一九八〇年には在独トルコ人女性ではその就業率は四四％に達する(Kofman et al., 2000, 109)。

脱工業化、サービス経済化の影響は別の面にも現れる。労働組合の影響力の後退である。製造業部門のフォーマルな労働市場の中に留まれる者は社会的・産業的権利をもちつづけるが、そうでない第二世代、女性が増えてくる。CGTは影響力を減じ、ドイツのIGメタルにもかげりが生じる。従来労組のもっていた移民の社会統合力はそれだけ弱まり、労組の力のおよばないサービス、下請けなどで、かれ・彼女らの孤立化が強まる。

第二世代、教育、労働市場

ここで一つの問題を提起しておきたい。

脱工業化の社会の中心原理の一つに、「理論的知識の優位」(D・ベル)があげられ、エレクトロニクス化の進む職場で、最低、マニュアルを読んで工程、作業を理解することが必須の条件となってくる。だが、六〇年代にOSの補充のために大量に受け入れた移民たちは、学歴やディプロームのレベルも低く、変化する労働市場に適応することが容易ではなかったことは、右に述べた。彼らの場合、フランス語の読み書き能力が不十分であることがこの段階で判明するわけで、たとえば自動車のルノーでは外国人の四割以上がそう判定され、仏語研修をあらためて受けるケースもあった(宮島、一九九二、

表 1-3　女性外国人労働者数(単位 千人)

	ベルギー	フランス	イタリア	オランダ	スイス	イギリス
2000 年		589.0(37.3)	258.8(30.4)			
2001 年	124.7(34.6)	621.7(38.4)	241.1(30.1)		329.0(39.6)	544.0(44.3)
2002 年	135.7(37.7)	620.9(38.2)		130.2(44.0)	338.6(40.1)	573.0(44.0)
2003 年	117.2(35.0)			130.6(41.2)	325.3(40.2)	636.0(45.5)

SOPEMI 各年より(カッコ内は全外国人労働者に占める割合)

一四五)。

では、第二世代で、このハンディキャップは取り戻せるだろうか。アンケート調査によれば、わが子に「バカロレアの取得」までを希望する外国人・移民の親は七〇%以上に達する(宮島、一九九九、一九五)。だが職業バカロレアならまだしも、高等教育進学のための普通バカロレアとなると可能だろうか。文化資本にかんする社会学的考察が教えるところでは、子どもたちの成功は容易ではない。親たちの学校経験がとぼしく、文字文化がほとんど家庭の中にないというその文化環境は、子どもたちに不利に作用する。ドイツでは、第二世代は基幹学校《ハウプトシューレ》(基礎学校《グルントシューレ》修了後五年間学ぶ義務教育学校)に振り分けられ、職業資格なしに教育を終えるケースが多い。フランスでは、第二世代における学業挫折、低ディプロームは、八〇年代、九〇年代に大きな問題となる。彼らの職業アクセスの不利は、民族偏見による差別とともに、文化的不利にもとづく相対的低学歴にもよっていることも見逃してはならない。

なお、八〇年代以降の西欧の移民の流れをやや別の視角から整理すれば、「女性化」(feminization)と称することもできよう。本書では正面から扱うテーマではないが、注目しておく必要がある。流れの一つは、家族呼び寄せの増加、いま一つは脱工業化にかかわっての女性労働者の増加である(表1-3)。後者は、主にサービスセクターに吸収され、そのもっとも古典的な分野は、家事労働、つまりメイドであった。しかしイタリアを除くと、ホテル、病院、レストランのサービス労働、ビル清掃、アパレル産業の縫製などが主な職場となっている。フランスではアフリカ系、中国系の「サン・パピエ」に女性労働者も多い。共通に指摘されるのは、労働条件、人権の保障の面で、弱い立場に置かれている点である。

以上、駆け足でみてきたが、定住化・国民化している移民人口も、労働市場における地位では、全体としてむしろ脆弱化したとの印象をまぬがれない。

受け入れ国として比較可能に

いまや西ヨーロッパ諸国はほとんど例外なく、人の受け入れ国になっている。イタリア、スペイン、ポルトガル、アイルランドなどかつての代表的な出移民国が、今では人口の四～一〇%の外国人人口を擁し、この列に加わっている。これは、以上の国々が経済的「離陸」を果たし、国内的に労働力需要と人口問題をもつようになっているだけでなく、「南」の国々(特にアフリカ、中南米、バルカン諸国)と大きな経済格差をみせつつ、シェンゲン条約批准国となっていることも関係している。

イギリス、フランス、ドイツ、オランダなどの先行移民国との受け入れ制度の差はまだあるが、それでも出生地主義、重国籍を認める国もある。歴史にねざす相違もあるが、かなり共通の特徴もみら

表1-4　西欧主要国の外国人人口数，主な国籍，制度的特徴，国籍取得率

国　名	調査年	外国人人口（千人）	滞在外国人の主な国籍	制度的特徴	国籍取得率(%)
アイルランド	2002	390	イギリス，アメリカ，ナイジェリア	出生地主義，外国人参政権	—
オーストリア	2004	1059	トルコ，ドイツ，ボスニア＝ヘルツェゴビナ	限られた条件下で重国籍容認	5.5
イギリス	2004	2857	アイルランド，インド，アメリカ	出生地主義(親が無期限滞在許可をもつ場合)，重国籍容認	5.1
イタリア	2003	2227	ルーマニア，アルバニア，モロッコ	重国籍容認	0.5
オランダ	2004	699	トルコ，モロッコ，ドイツ	出生地主義，重国籍容認，外国人地方参政権	4.1（03年）
ギリシア	2001	762	アルバニア，ブルガリア，グルジア	事実上の重国籍容認	—
スウェーデン	2004	462	フィンランド，イラク，ノルウェー	権利帰化制度，外国人地方参政権	5.9
スペイン	2004	1997	モロッコ，エクアドル，コロンビア	出生地主義，相手国との協定により重国籍容認	2.0（03年）
デンマーク	2004	267	トルコ，イラク，ボスニア＝ヘルツェゴビナ	事実上重国籍容認，権利帰化制度，外国人地方参政権	5.5
ドイツ	2004	6738	トルコ，イタリア，旧ユーゴスラヴィア	出生地主義，一定条件下で重国籍容認	1.9
フランス	1999	3263	ポルトガル，モロッコ，アルジェリア	出生地主義，重国籍容認	4.6（00年）

国　名	調査年	外国人人口(千人)	滞在外国人の主な国籍	制度的特徴	国籍取得率(%)
ベルギー	2004	870	イタリア，フランス，オランダ	出生地主義，重国籍容認	4.0
ポルトガル	2004	449	ブラジル，カポヴェルデ，アンゴラ	出生地主義，重国籍容認	0.3

注）1 国籍取得率は外国人人口に対する国籍取得者の割合．注記のないかぎり2004年の数字．
2 外国人人口，国籍取得者数はOECD 2006による．「制度的特徴」については諸種の資料に拠った．

れるようになり、比較しつつ論じることが可能になってきたように思われる。データの乏しいルクセンブルク、フィンランドを除き、他の一三カ国について、外国人人口、主な国籍、制度的特徴、国籍取得率を一覧表化したのが、表1－4である。

その制度的特徴からみて、「移民国」と称されてよい国々と、そうではない国々が分けられよう。筆者は先に「移民国」と呼ばれうる国の要件を暫定的に論じたが、そのさい、外国人・移民人口の規模に加え、特に出生地主義や重国籍を容れる国籍法、国籍取得の容易さなどを重視した。その角度からみると、イギリス、フランス、ベルギー、オランダ、最近ではドイツなどもこれに加わり、他の国々と区別される。

フランスとの対比で、これまでとかくイギリス型、オランダ型、ドイツ型などとの間の、「平等」や「統合」の理念の違いに焦点があてられてきたが、移民の社会的存在形態は類似してきて、理念にもある種の接近、ないし比較可能性が読みとれるようになっている。それにはヨーロッパ統合の共通におよぼす影響も無視できない。

そのことを確認した上で、なおフランス独自の過程、経過、対応があるとすれば、何だろうか。

統合政策の若干の比較

以下では、オランダの移民研究者、H・エンツィンガーにならい(Entzinger, 2005)、三つのレベルから、各国の移民の統合政策を位置づけておきたい。

移住(外国人)労働者 対 定住移民

一般に入国間もない外国人は市民という位置になく、もっぱら「労働力」という観点からとらえられる。「他国の市民」であり、周辺的で部外者とみられがちで、滞在の合法性が完全に証明できない場合はなおさらであるが、今日のEU諸国にもこの型が少なからずみられる。観光ビザ入国者、庇護申請をして却下された者、短期就労ビザからの残留者、等々。フランスの「サン・パピエ」もそうした存在だが、そのなかには長期滞在化している者もいる。

他方、滞在が長期化しても、「外国人労働者」という外部者的地位からなかなか解放されない国もある。スイス、オーストリア、比較的最近移民受け入れ国に転じたイタリアなどがそうである。いずれも血統主義に重きをおく国籍法をもっている。

移住→定住→市民権(国籍)モデルは、アメリカ、カナダ、オーストラリアなど「新大陸」移民国では当然視されてきた。西欧諸国では、一〇年間、二〇年間という長期滞在者がいちじるしく増え、この定住移民に対し、それにふさわしい滞在資格(一〇年期限の滞在・就労許可、無期限滞在許可など)を設け、かつ国籍取得を容易にする国が増えている。フランスももちろんそうだし、ドイツも九〇年代にはここに移行した。ただし、移民たちにとっては国籍取得が必ずしも平等処遇へのゴールにならないことが問題である。

血統主義 対 出生地主義

国籍がどうであれ、一国への継続的居住にもとづきシティズンシップを認めていくのはヨーロッパの趨勢といえる。だが類型的には、全面的なシティズンシップの獲得を血統によって保障する、または、領域内の出生と居住によってもこれを保障する、という二つがあろう。イギリスは出生地主義(*jus soli*)の伝統をもち、フランスも一九世紀後半からこれを導入したが、ドイツは久しく血統主義(*jus sanguinis*)一本の国で、帰化も容易ではなかった。しかし、移民が定住段階に移行して、第二世代の時期になると、ホスト国で教育を受け、もはや帰国の可能性ももたない彼らに国民と同様の権利を保障することは必要となってくる。オランダとベルギーは八五年、法改正によって国籍法に出生地主義を取り入れる。そして時期は遅れるが、九九年、ついにドイツも出生地主義を加味した国籍法をもつにいたった。EU諸国としては出生地主義の採用が大勢となったのだ(表1－4をみよ)。

なお、右でもみたように、多くの国は外国人の子どもの領土内出生をもって自動的に国籍を付与しているわけではない。親の少なくとも一人が同国内で生まれていること、または本人が一定年齢まで継続的に居住していることなどの条件が付く。こう考えると、出生による国籍付与とは、P・ヴェイユがいうように、「社会化」を重視した権利付与ということになる(Weil 2002, 12)。社会学的には興味深い点である。

フランスは、出生地主義を一世紀以上の伝統としてきたが、近年、国籍の価値に懐疑的な第二世代も増えているといわれる。「フランス人になったが、周囲の目は変わらず、差別もなくならない」という醒めた認識が聞かれる。これはいうまでもなく、周囲のレッテル貼り、就職差別、失業などの経験が積み重なったうえでのことである。

マイノリティ 対 同化

これは、どちらかといえば、文化の次元でとらえられた二つの統合モデルといえる。

マイノリティモデルは、イギリスがしばしばその原型とされ、移民を自社会の成員とみなすときに、まずかれらの民族的出自(アイルランド系、インド系、パキスタン系、カリブ系、中国系など)や宗教(ムスリム、ユダヤ教徒、シク教徒など)に従ってとらえられるという点にある。次いで、その承認にもとづき、なんらかの権利付与や保護が行われる。このモデルに従う国は一般に北西ヨーロッパに多い。

それにひきかえ、「同化」モデルの代表は、フランスとされる(表向き使われる言葉は「統合」)。そこでは、市民と国家の直接的関係が重視され、少なくとも公的領域では文化的・宗教的な相違の承認は行われない。フランスに暮らす移民にはこの原則への適応がもとめられるが、ムスリムの場合はそれが必ずしも容易ではない。

マイノリティモデルでは、公権力は各移民コミュニティがその文化的アイデンティティを発展させられるように必要な措置をとらねばならない。オランダ政府の一九八三年の「マイノリティ問題覚書」では中心的柱は次のように立てられた。㈠移民は、政府の政策の特別な対象として認知される。㈡社会経済的事項では、必要なら既存の不利のギャップを埋めるために移民に特別な便宜を提供する。㈢文化的事項では、オランダの伝統にもとづき、諸文化を容認する多元主義的なアプローチがとられる(Enzinger, 1985, 72)。

しかし、この両モデルは、いわば理念型にすぎない。各国における移民たちの条件、生活には実態上かなり類似性が生まれているので、統合政策には、内容上共通性も多くなっている。

収斂なのか？——与件の変化のなかで

以上の整理から、西欧諸社会における移民の統合政策には相違と収斂の両傾向がうかがえたが、いま少し議論を進めてみよう。

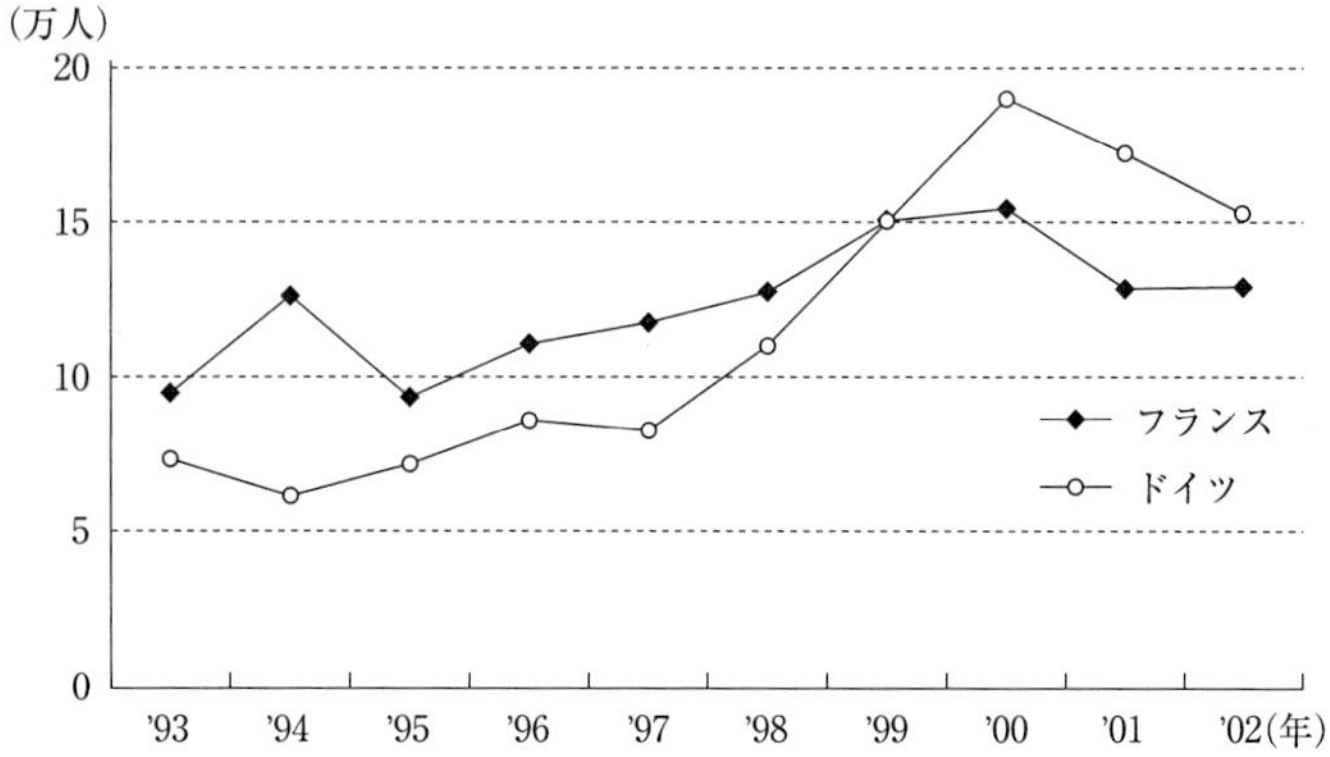

図1-2　年間の国籍取得件数の推移

進む「国民化」と二つのモデルの接近

まず、移民サイクルではイギリス、フランスが先んじていて、次いでドイツ、オランダ、ベルギーがつづく。フランスの移民統計の専門家J＝L・リシャールによれば(Richard, 2005)、一九九九年のフランスの二五歳以上の移民の人口は三七五万人で、これに移民の子三〇八万人を加えると六八〇万人を超える。イギリスについては、二〇〇一年の国勢調査をもとに非白人「エスニック・マイノリティ」を四六三万人としているが、これにアイルランド人、非コモンウェルス難民などを加えると五〇〇〜六〇〇万人に達しよう。他方、二〇〇一年のオランダの移民人口は一四八万人だが、その第二世代まで加えると二八七万人になる。

とすれば、移民問題はもはや「外国人」問題とイコールではなく、「国民」の問題にもなっている。のみならず、国内生まれの第二世代も含めて論じる以上、「移住者」ともイコールではない。文化的ハンディキャップを負い、異質者の眼でみられやすい「移民」であるが、その存在はもう国民社会の内なる問題になっているのだ。このことを意識する識者には、パリ郊外の「暴動」やあの「スカーフ問題」はそれだけ重い問題と受けとめられている。

「帰化小国」だったドイツも、九〇年代から国籍取得件数がフランスと肩をならべ、今日にかけ累計で一〇〇万人を優に超える新ドイツ人の誕生を記録している(図1－2)。このため外国人数はフランスと同様、減少し始めており、内なる状況に類似点が出てきた。

とすれば、政策上の課題は、「統合か、それとも多文化尊重か」、といった二者択一ではもはやとらえられないだろう。多文化主義は、公的に定義される「民族」や「宗教」が、現実に変化しつつある移民とその文化に対応しがたくなっているという問題に出会っている。ホスト社会の社会化の影響を持続的に受ける子どもたちには、たとえば「ムスリムであること」は親世代と同じ意味をもたない。母語学習の意味も親が期待するものからずれてくる。多文化主義モデルに拠るとされるイギリス、オランダ両国で、移民グループ固有の要求といわれるものがそれほど多くはない、という指摘もある(Statham et Koopmans, 2005, 148)。

統合モデルについてはどうか。これへの批判は、統合され、市民的地位も与えられた移民やその子どもが、にもかかわらず教育、雇用その他で資源上の不利や差別をこうむっている事実があり、「統合」について語るよりも、反差別の制度アクションを重視すべきではないか、と言う。まさにフランスの統合論に向けられる批判である。

現実に各国で展開されている施策は、対象の定め方に型の違いはあれ、内容に大きな違いはない。

職業教育、優先的教育施策、地域参加、女性のエンパワメント、多住地域の改善、国籍・市民権獲得の援助、等々。

「相違」から「統合」へ――フランスのアプローチの変化の意味

フランスのアプローチでは「統合(同化)」モデルが優勢だといえるが、つねに一貫してそうだったわけではなく、先述のように七〇年代にはむしろ「文化的多元主義」、「編入」が語られた。それが八〇年代に「統合」へ、と大きな転換をとげた。なぜだろうか。

単純な説明は禁物だが、一つの背景に、移民におけるイスラームのプレゼンスの増大とメディアの変化があったのではないか。八二年の国勢調査では、外国人に占めるムスリムと想定される人口は、アルジェリア人八〇万人を筆頭に約一五〇万人、四〇%に及ぶ。七五年にくらべ約三〇万人の増加であるだけでなく、家族移民が増加して、イスラームを実践する者が増え、その可視化が進んだ。すなわち、衣装着用、礼拝や戒律遵守、モスクや祈禱所の建設、等々。イランのホメイニ体制の成立などに言及しつつ、「フランスとイスラームの共存は可能か」といった議論や世論調査がメディアに登場する。一例をあげると、中庸の報道で定評のあった週刊誌『レクスプレス』が、八三年に「移民」特集号(二月二八日~三月三日)を編み、その中で「なぜマグレブ系はベトナム系よりも統合しにくいのか?」などとストレートな問題の触れ方をし、議論の定型化の始まりを感じさせた。

「統合」の概念が、対イスラームの文脈で語られる例はこの頃から増える。たとえば、

「統合とは、就学、国民的役務の遂行、出身環境外との結婚、雇用などによる混交を通して、イスラーム出自の者が個人個人でフランス社会のなかに溶け込むことを意味する。彼らはもし望むならば非宗教国家〔フランス〕のゆるす枠内で自分の宗教を実践することができるし、離教も宗旨替えもできる。この統合の過程は最終的には、コミュニティへの忠誠を解消させるか、あるいは弛緩または相対化させ、国民所属の感情をこれに優位させることを含意する」(Kepel, 1987, 381)

「相違の権利」「文化的多元主義」などの言葉は、一気にかき消されるようにメディアからも政治家の発言からも退いていく。なお、これとほぼ同時進行的にパリの郊外の移民多住都市ドゥルーで、国民戦線(FN)の進出が予見される激しい市議選が戦われた(一〇六〜一〇七頁も参照)。そして同市でのFNの進出につづいて、八四年六月、欧州議会議員の選挙で同勢力は一一%の得票を示す。以後、失業、非行、参政権、エイズなどあらゆる問題にからめて移民のスティグマ化がFNによって強行され、しかも、その非理性的な明快さが、市民たちに受け入れられていく。これがおそらく第二の背景だろう。「相違」や「多文化」を肯定することは、FNの掲げる、フランス人‐移民の絶対的文化相違論、「同化不可能」な移民の追放論の術中にはまるから避けるべきだ、という理由づけがなされたようだ。

ともかく、八〇年代後半からキーワードは「統合」に変わる。これを正面から掲げた「高等統合審議会」(Haut Conseil à l'intégration: HCI)が左翼政権のミシェル・ロカール首相の下で設置されるのは、「イスラーム・スカーフ事件」の論争が続いていた八九年一二月のことだった。その創設の意味については筆者は別の機会にふれたので(宮島、二〇〇一)、くりかえさない。以後、HCIが明らかにする分析、報告、提言では、移民たちのこうむっている差別の実態を明らかにする企てと、個人主義的平等、反コミュノタリスム(六五頁参照)、そしてライシテなどからなるフランス型統合の称揚が、共にみてとれる。

多文化主義からの修正

フランスで七〇年代の議論を活気づけた文化多元主義はこうして姿を消すが、他のヨーロッパでも、単純な多文化主義の主張はそれぞれの固有文化の擁護に終わり、移民マイノリティの平等な社会的受け入れをみちびかない恐れがあることに識者も気づく。多文化主義擁護の闘将、J・レックスも、この点の警戒を怠らず、「多文化社会」を規定するのに、「公的領域では単一的で、私的・コミュニティ的と考えられる領域で多様性を奨励する社会」であるとする(Rex, 1996, 15)。すなわち、斉一的平等であるべきは雇用、市場、政治的権利などであり、そこでは機会の平等が絶対であり、それに対し家族、宗教、母語などでは、相違が容認され、多文化尊重であるべきだ、と。ところで、サッチャー時代の八八年の教育改革で、ナショナル・カリキュラム(英語、数学などの中核科目、歴史、地理などの基礎科目)の一定時間の実施が義務づけられた。マイノリティの子どもの教育もこれに適応しなければならない。母語・母文化教育は維持されるとしても、これに偏することなく、中核科目、基礎科目とのバランスをとらなければならなくなっている。多文化主義への抑制力の登場といえようか。

オランダでは、多文化的アプローチが一〇年間の総括の前に立たされた。結果はむしろネガティヴ

ムスリム女性の買い物姿(オランダ・ユトレヒト市内)

に導かれ、この間の政策が、移民たちの文化的分立を強めていること、すなわち、オランダ語を満足に使えず、自コミュニティ内に閉じこもり、子どもの教育にも困難をきたしているマイノリティを生んでいること、への反省が表明される。八三年の政府の政策転換に決定的影響を与えた同じ政策科学審議会(WRR)の九〇年の政府宛報告書は、七九年の提言の「多文化的アプローチ」に修正を加え、こう述べる。

「移民たちは彼らの文化的アイデンティティを維持・発展させたいと望むだろう。……しかし、今やこれは、制度的統合よりもはるかに個別集団の責任の一部をなす。ある種の便宜を獲得するためのイニシアティヴは、これらの集団自体に由来すべきである。政府の役割は、エスニック・グループが、文化的に多様な社会に土着の人々と対等な足場に立てるよう、非土着起源であるために経験しているバリアーを取り除くのに力を貸すことに限られる。それに関連する政府のもう一つの役割は、民族間の接触が集団および個人レベルで、法的秩序を尊重しつつ行われるのを保証することにある」(Netherlands Scientific Council for Government Policy, 1990, 61)

「列柱社会」と呼ばれ、プロテスタント、カトリック、非宗派、労働党などの諸勢力が、互いの干渉を避け、縦割りの独立性を保っているこの社会は、寛容さをもつ反面、マイノリティを社会に参加させる強力なプレッシャーや動員力には欠ける。また、教育はその「列柱」性を反映し、私立学校（国庫補助は一般的であるが）の比重が大きく、公教育中心のフランスなどに比べ、オランダ人子弟と、マイノリティ子弟の就学の場の分離傾向はかなり強い。マイノリティにはオランダ語を十分に使えない成人、十分に読み書きをできない義務教育どまりの子どもたちが多く、その彼らの失業率は高い。方向転換する政府の施策は、各マイノリティの文化の直接の保護よりは、むしろ、共通の基礎教育としてオランダ語に力を入れ、成人を含めて教育、学習をより義務化すべきであるとする。

もっとも、この劇的な転換は当然運動の側から反発も招く。マイノリティの失業、孤立、社会的退行をマイノリティ自身の責任に帰そうとする考え方の一面性、わずか一〇年の短期間に政策の結果をみようとする性急さに、ＮＧＯなどから批判が寄せられた。

都市のエスニック化と要請されるアプローチ

ヨーロッパの大都市圏には共通に、失業、学校挫折、非行などによって特徴づけられる街区が生まれ、その中に、移民・外国人の集住エリアが形成される。フランスもその例外ではない。

都市居住環境の共通の変化に着目するＲ・カストルヤノは、フランスとアングロ＝サクソン世界には本質的に変わらない面が出てきたとし、これを「地域のエスニック化」と表現する（Kastoryano, 2002,

68−75)。リヨン、パリなどの郊外で頻発する衝突事件は、焼かれた車、破られた商店のウィンドウ、手荒な扱いの警官、投石する若者などの写真を伴い、しばらく前までフランス市民がアメリカ諸都市の黒人「ゲットー」の光景とみなしてきたことが、まさに彼らの国内で起こっていることを知る、と。都市圏の中に貧しさや失業の集中するエスニック・マイノリティ集住地区が生まれていること、これは、フランスの統合政策がまさに避けるべきものとしてきた事態である。なお、ドイツでも、都市圏に、避けるべきものとされた移民の「エスニック・コロニー」が生まれ、ここではトルコ人が主役であることが公然と語られている。

この「エスニック化」という表現では、直接にそう言及されなくとも、マグレブ系、次いで時期がより新しい、失業、滞在不正規性の問題を負わされているブラックアフリカ系が暗に意味されている。政策担当者は、失業、低所得、住環境の悪さ、多子であることなど、社会的なタームで彼らの問題を語る傾向があるが、移民研究者はすでに、エスニシティ関連のタームで、民族ネットワーク、民族イメージ、それにもとづくレッテル貼りと差別などに分析を移行させている。たとえば、「学校ゲットー」を論じるG・フェルージら社会学者は、マグレブ系、ブラックアフリカ系、トルコ人を社会的・文化的にもっともハンディを負った集団と位置づけ、ボルドー・アカデミー内のコレージュ（公立中学校）を調査し、分離と集中の予想以上の激しさを明らかにしている(Felouzis et al. 2005)。

問題が明白になった以上、コミュニティのエスニック化や隔離化を避けるのを至上化してきたフランス的統合政策は、失敗あるいは不十分さを露呈したといえる。斉一的平等、機会の平等を強調しても、文化的・社会的ハンディを負っているとみられる、高率の学業失敗や失業にみまわれているグループに有効な働きかけができないことに危惧が寄せられる。対象に焦点化された効果的施策に向けて、努力が始まらなければならない。

モデルの議論からの脱却

われわれの考察は、さまざまな事実を整理するのにとかく「歴史に根ざす」モデルに頼りがちだ。じっさい、政治、経済、芸術などあらゆる主題についてヨーロッパ研究は、歴史に根ざすモデルの存在という仮定をまぬがれがたい。だが、どんなモデルをもち出すにせよ、それに頼り切れば個々の状況の分析を軽視するモデル還元主義におちいる。

そんな議論の一つに、たとえばフランスの「ナシオン」とドイツの「フォルク」を対比させ、前者を「普遍主義」モデル、後者のそれを「同一文化共同体のメンバーシップ」を強調するモデル、と対照化する論法がある。こうした思考は「今日的現実よりも、イデオロギー的再構成にみちびかれている」(Kastoryano, 2002, 39–40)とする批判もある。実はフランス的モデルといわれるものは、外国人労働力受け入れと同化を経済的至上命令としてきたこの国の現実を反映し、また、ドイツ的モデルとされるものは、伝統的フォルク観よりも、むしろ一九世紀プロイセンに(それもナポレオン法典から)導入された血統主義の国籍法によるところが大きいと考えることもできる。これに注意を喚起したのは、

P・ヴェイユの労作である(Weil, 2002)。仏独の相違についてのイデオロギーや伝統による本質主義的な解釈は、両国をとらえている最近の変化を必ずしも適切に説明できない。

これまた「英国モデル」とされてきた「コモンウェルス・マイグレーション」も、すでにみたように修正されている。六〇年代からの一連の移民法は、旧植民地出身者の多くを——形式上「ブリティッシュ」籍を認められていても——外国人なみに扱うようになった。R・ハンセンの言葉を引こう。「コモンウェルス市民も今では、ヒースロー(ロンドン郊外の国際空港)で、アメリカ人やその他の外国人と一緒に長い列の中に立たされている。遅々として進まない列の歩みを見ていると、今のイギリスがいかにコモンウェルスを軽視しているかが分かる」(Hansen, 2000, 91)。また労働市場でのコモンウェルス出身者の優先的地位も崩れている。今後強まる高熟練労働力需要を予想し、英政府が〇二年に打ち出した「高熟練移民プログラム」(High Skilled Migrants Program)は、なんら彼らに配慮するものではない。

オランダ型はさらに変質を重ねる。多文化主義の軌道修正にはすでに触れたが、この国では九〇年代に難民到来の大波をかぶり、ピーク時の九四年には五万二〇〇〇人を記録し、その頃から世論が変わりはじめる。マイノリティへの施策を政治争点とするのを避けてきたこの国でも、右翼政党(民主中道党)、やがては中道右派政党(キリスト教民主党)も、移民・難民の増加に懸念とコントロールの必要を言うようになる。そして、右翼政党党首ピム・フォルタウィンの暗殺をきっかけに反移民のムードが急上昇し、政権も中道右派へと交替する。「オランダ語能力テストを課すべし」が標語とされ、反移民の言説が公然と語られる「普通の移民国」になった。「列柱社会」のその構造は、共生を嫌う市民によってセグメント化されるとき、かえって交流のない隔離社会を生みやすいことも明らかになった。

フランスの独自性、固有性というテーマは、統合の理念、政策にかんして多く語られてきた。九〇年代には特に「スカーフ問題」に関連して「ライシテ」が頻繁に人々の口の端に上り、HCIの設置と活動に伴い、「フランス的統合とは何か」がしばしば論じられるようになった。といって、フランスだけにみられる移民を取り巻く特有の社会経済的な現実があるのだろうか。むしろ否だろう。

移民にかかわる現実には他の国々と多分に共通する要素が現れるようになり、それをフランスがどのような理念の下に扱うかが問題とされ、修正をめぐる議論も行われているとみる。以下の諸章で触れるが、八〇年代からの幾つかの出来事が、フランスのなかに新たな議論と施策のチャレンジを生んでいる。ただし、チャレンジがしぼめば袋小路におちいりかねない、そうした危機も今日のフランスのそれである。

第2章　フランス的平等と「共和国モデル」

普遍的な他と類似した個人の平等

近代国家がそのメンバーの統合をはかるのに掲げる正統的理念は、似たり寄ったりのようにみえても、アクセントの置かれ方は国によってずいぶん違う。英米などアングロ＝サクソン系の国家では「自由」が前面に出されるのに対し、フランスではむしろ「平等」に力点が置かれる。

近代フランスで、「自由」と「平等」の関係はどのようにとらえられたのか。時期によって変遷、偏倚もみられるが、Ｊ・Ｆ・スピッツがその著『平等への愛』で論じるように、大革命をはさむ数十年間の時期に思想家たち（たとえばＪ＝Ｊ・ムーニエ）は、力における不平等の存在はつねに弱者を強者への従属におちいらせるから、自由を危地にさらすのだ、という論法にもとづき、諸力における不平等を糾弾していた（Spitz, 2000, 10）。統治の哲学のなかで「平等」理念を展開するジャコビニスムは、すべての個人の法の下での平等をテコにして、主権に参加する成員も、個に還元された、類似した個人でなければならないとした。この平等は、たとえば革命の進行のなかで産み落とされた直接普通選挙制の理念などと無関係ではない（一七九三年憲法はけっきょく施行されず、普通選挙法の制度的定着は一八四八年から)。

また、宗教信条にかかわりなくすべての者——新教徒だろうとユダヤ教徒だろうと——が等しく市民的権利を享有するという原則も、この平等のコロラリーといえる。ちなみに平等と「非宗教性」(ライシテ)の関わりには、二つの側面があろう。一つは「非宗教性の枠組みのなかでは精神的志向にかんするあらゆる政治的介入は違法であり、国家はいかなる拘束も課さず、信条の強制もなければ信条の禁止もない」(Commission présidée par Stasi, B., 2004, 30)とされるように、すべての成員の信仰が保障される。ただし、公的生活領域を除いて、という条件がつく。第二は、右でみたように、公的生活領域ではいかなる宗教信仰にも権利を与えるものではないから、人々はその信仰にかかわりなく(カトリックであれ、プロテスタントであれ、ユダヤ教徒であれ)市民として平等に扱われうる。この確認の歴史的な意義はきわめて大きい。

時間はいっきょに現代に飛ぶ。この国の最高行政裁判所であるとともに国の行政の諮問機関でもあるコンセイユ・デタ(国務院)は一九九八年、『平等の原則について』と題する報告書を公にした。英米などのさまざまな論議を紹介している点で、開かれた報告との印象をあたえるが、そこではフランス的「平等」観念については、これを堅持する、というスタンスがとられている。右にも一部触れたが、革命期から二〇世紀初めまでに結晶化されるフランスの共和主義の主な思想的成分には、法の下での平等、主権の担い手としての市民(シトワイアン)の個人への還元、フランス国民の単一不可分性、非宗教性または政教分離、などがあげられる。

したがって、共和国市民であることとは、人が、法の下での平等により、個人として、集合的(文化的、宗教的、民族的など)な属性、所属にはかかわりなく、等しく権利を認められることとなる。右報告書はいう。「その個人とは孤立した、普遍的な、他者と類似した個人であって、それのみがフランスによって承認される人民の構成要素である。過去二世紀間にもそれは弱まることはなく、今日でもきわめて重要な法的行為を通してうかがうことができる」(Conseil d'Etat, 1998, 64)。

以上に示されているのは、少なくとも公的生活の領域では、社会の構成主体は基本的に抽象的・普遍的な個人であるということであり、個人の属性、所属など「特殊的なもの」は捨象されるということである。無差別な個人の機会の平等の原理といえよう。もちろん、ここでいう「特殊」(particulier)とは、その所属、属性をカッコにくくり、一「個」に還元された個人を「普遍」とした上での、「特殊」なのである。

さらに「普遍主義」とは、フランスの政治・政策のなかで使われる独特の意味で解されねばならない。一つには、政治共同体の成員はいっさいの介在物を排除して、個人であるべきで、そこで成員の属性や集団所属をなんらか考慮に入れることは、特殊的なものに意味を与えることであるとする。ここには、法の下での平等、および政治共同体とその成員の真の結びつきを妨げるとする、ルソーが政治共同体における「特殊利益」(intérêts particuliers)の排除を要求したあの論理が、生きているともいえる。

では、「成員の属性や集団所属」とは、実際には何を意味するかであるが、それは、政治党派、宗教、社団(ギルド)、郷党(ブルトン、バスク、アルザシアンなど)、民族出自(ドイツ系、イタリア系、スペイン系……)などを指し、それらにもとづく利益がことさらに主張されると、フランス共和国の一般的利益が損なわれる、とみられるものを意味したといえる。さらにいえば、共和主義を危うくするような政治性をもった特殊性ということである。

「オリジン」の特殊性

そして、人々の属性、所属のうちでもっとも「特殊的」として問題にされ、捨象されてきたものの一つは「オリジン」(origine)である。ここでは、ブルトン、バスク、コルス(コルシカ)などの(今日の用語でいう)ナショナル・マイノリティへの帰属、またイタリア系、スペイン系、ポーランド系などの移民マイノリティへの帰属が問題とされる。あるいはそれに宗教的帰属が重ね合わされたユダヤ系、ムスリム、アルメニア系などがそれである。では、なぜそれらの属性を認め、考慮に入れ、議論することが拒まれてきたのか。

理解への一つの間接的ヒントは、大革命のさなかの革命家たちの「普遍」-「特殊」をめぐる言説にもとめることができよう。かの国民公会議員、モンタニャール派のベルトラン・ド・バレールの公安委員会への報告がこう述べていることが思い出されてよい。「フェデラリスムと迷妄が低ブルトン語を話し、共和国からの隔離とこれへの憎悪がドイツ語を、反革命がイタリア語を、ファナティスムがバスク語を話すのであります。これら災厄と錯誤の手段を破壊しなければなりません」(De Certeau et al., 1975, 295)。つまり、共和国を分裂におとしいれかねない反革命、復古の勢力を表すものが、ブルトンであり、アルザシアンであり、バスクであるということである。内と外で呼応する敵を想定した、典型的にジャコバン的な共和国防衛の思想と、敵の名指しがみられる。そしてなされるべきことは、これらの「反革命」「反文明」の言語を除き去り、普遍の言語であるフランス語を国民にあまねく普及させることである、と。ジャコビニスムの見地からは、「オリジン」とはこのようにみられてきたのだ。

その約一世紀後にもなお、歴史的回顧という形でだが、次のような記述に接する。「およそブルトン、オクシタン、イタリアン、ユダヤ人といった特殊主義(particularisme)は、国民的一体性への脅威として現れていた。それゆえ第三共和制の学校は、ブルターニュやコルスやプロヴァンスの子どもたちや、イタリア人やポーランド人の鉱夫の息子や、中央ヨーロッパのユダヤ人プロレタリアの子どもたちを、同じ言語を話し、同じ文化的・愛国的価値を共有する市民へと変容させることを任務とし、またそのような効果を生んだのだ」(Commission de la nationalité, 1988, 24)。「普遍」「特殊」の意味づけは、あえて造語すれば、共和国的同化主義のなかで行われる。

その結果生じたことは何か。「われわれの共和国のジャコバン・イデオロギーは、国民国家の単一性の名において、フランスの人々の民族的多様性をつねに否定してきた。その結果はといえば、社会諸科学の研究が主に公的資金援助に頼っているこの国では、民族間関係の研究が重要な位置を占めたことは一度たりともないのである」(Lapierre, 1995, 9)。

以上の状況が今では変わりつつあることは後に述べるが、歴史的にみて、「民族」(ethnie)というものが、共和国、または単一的国民国家の維持のうえで危険な要素をはらむ存在としてみられてきたことを物語っている。他国の眼でみれば、そこには、強迫観念ともいうべき過剰なイデオロギー性がつきまとっているだろうが。

「形式的平等」から「実質的平等」へ

しかし、誤解のないように付け加えておきたい。

右のようであるからといって、成員のいっさいの属性、所属が捨象され、抽象化・原子化された個人の法の下での平等、機会の平等が、平等のすべてということではない。形式的機会平等主義を批判し、実質的平等を追求するという試みはもちろん近代フランスでそれなりに重要な位置を占めてきた。その際、右にみたような「特殊的」とみなされる属性(とりわけ宗教、民族出自)以外の、年齢、エタ・シヴィル(未成年・成年、未婚・既婚などの民事身分)、所得、財産、雇用上の地位、階級、障害の有無、家族形態などは、単純に無視されることはない。

国民議会が採択した有名な「人権宣言」の第一条、「人は自由かつ権利において平等なものとして生まれた」の後半には「〔人々の間に〕社会的区別を設けることは、もっぱら共同の利益にもとづく場合には正当とされる」とうたわれている。歴史的経過のなかで認められてきたことは、社会的生存条件の不平等を低減するために、それら社会的基準によって成員の処遇に差異を設けることは、全体の安寧のために有用、必要だとする観念である。そうした基準による成員の層化は普遍主義に反するものではない、とされる。

思想史的にいえば、富のはなはだしい偏在、不均等配分は、平等であるべき市民たちの間に距離をうがち、または支配－従属関係をもたらし、相互の連帯を不可能にするから、これを抑制せねばならない、という思想は、モンテスキュー、ルソーなどによって基礎づけられ、のちフランス革命後の「平等派」(バブーフ、ブオナロッティら)によって発展させられる。いうまでもないが、これは一九世紀後半からの社会主義思想を経、二〇世紀の福祉国家が正当化するにいたる観念でもある。

今日のフランスは自らを「社会的共和国」とうたい、経済、社会、教育などの諸施策で、機会の平等のみならず、結果の平等をも視野に入れている。富の再配分＝実質的平等の追求の制度化、すなわち社会保障の制度化において、フランスは他の西欧諸国よりも先んじたとはおそらくいえない(たとえば、一つのメルクマールとしての社会保険法の成立は、ドイツ、イギリスに遅れて、一九二八年からにすぎない)。しかし、その後の制度の発展はさして遜色がなく、近い過去の例では、一九七〇年代の「貧困の発見」以来、貧困調査、所得分布調査、失業者調査などがかなり精力的に展開され、社会党主導の政権の下では「参入最低限所得制度」(RMI、一九八八年施行)のような注目すべき施策を結実させている(都留、二〇〇〇)。なお、このRMIについては、ポジティヴ・アクション的性格ももつ総合的施策として、本書でも紹介している(一四八頁)。

ただ、ここで遡って考えてみるに、大革命のなかで共和国の標語とされていく「自由」「平等」「友愛(博愛)」のうち、右にみたような実質的平等をみちびくものはどれだろうか。ここで「平等」ではなく、「友愛」(fraternité)に着目するべきだという見方がある。「友愛」は、一七九一年憲法に導入されるのであるが、これについて、「平等」と区別される意味はどこにあるのかは従来あまり正面から論じられてこなかった。キリスト教的なやや陳腐な「隣人愛」「慈善」と同義に解されたり、ジャコバン統治の下で非常に政治化されて用いられたりして、そのため意義が貶価されてもきたが、元来、民族、宗教、階級などを越える人間愛を意味するところから、「平等」とはまた別の意味をもっているはずである。

「友愛」について、二つの辞書上の定義を引いておこう。「人類家族の成員とみなされる人々の間に存在する絆、すなわちこの絆の存在についての深い感情」(『プティ・ロベール』)。「同じ結社、同じ集団、同じ共同体に属しているか、またはすべてが人類という一大家族の成員をなしているために、相互にきょうだいのように扱い合う人々の間に存在する関係、または友情と連帯の感情」(『ロゴス』)。ここで共通に言われていることは、「友愛」とは、人々が共属感情をもちうるようなコミュニティの存在を前提とする概念であること、そして、自他の利益を峻別するのではなく、他者の利益が同時に自分の満足と感じられるような相互性の感情がはたらく関係を含意していること、である。対比的にいうと、「平等」は、コミュニティの存在を必ずしも前提せず、単に複数の人々が等量の権利や財を享有しているという状態を意味しうる。

注目したいのは、近年、「友愛」は出自、地位、能力などを異にする社会諸成員の間の連帯を可能にする倫理的感情という点から、衡平、公正という原理をみちびく原器であるとする解釈もなされるようになったことである(特にアメリカの法哲学者J・ロールズ)。これには、後に検討を加える。

ちなみに、「自由」「平等」「友愛」の内の最初にくる「自由」とは何なのだろうか。移民の受け入れをめぐる議論における「自由」の位置は、フランスではいささか影がうすい。しかし、これをあえて取り上げ解釈してみるならば、他から制約を受けることなく、自らのアイデンティティや自文化の保持、表出を行えることではなかろうか。チャールズ・テイラーならば、現代民主主義における「アイデンティティ」と「承認」(recognition)の問題だと言うにちがいない(テイラー、一九九六)。そして、その意味での「自由」は、アングロ＝サクソンの多文化主義のなかにより明示的に取り込まれ、フランスでは共和国モデルのなかに含まれているとしても、あまり取りだされ、論じられることがない。

普遍主義・反コミュノタリスム

今日の議論を少し追ってみよう。

最初にみた「普遍的な、他と類似した個」の平等の強調は、まず、集団分立主義を警戒する普遍主義、単一主義への志向として現れやすい。コンセイユ・デタの右報告書で、この考え方の例示としてあげられているのは、「フランス人民の構成要素としてのコルシカ人民」という法律上の文言に対する、憲法院（違憲立法審査機関）の一九九一年五月の違憲判断であった。この文言は、コルシカ「地域圏」（州に相当する広域自治体）の自治的権能をより強めるために制定された「コルシカ地方団体の地位に関する法律」（ジョクス法）の中で用いられたものだった。憲法院は、フランス共和国国民は、その不可分一体を規定した憲法第一条に照らすなら、「コルシカ人民」といった下位単位に分割されてはならない、としたのである（中野、一九九六、五五）。

ここでは、特定の地域や民族を刻印され、それにアイデンティファイすることが「特殊」であり、それを超えて「共和国市民」となることが「普遍」なのである。まさしくジャコビニスムがこだまする、政治的でもある普遍主義である。

より具体的、経験的なレベルでは、国勢調査など公式統計においては人々の民族的出自にかんするデータの収集は禁止され、その他にも、国や地方公共団体は宗派別人口や、言語別（母語別）人口のデータも収集・保持しないことになっている。このため、たとえば「フランス人の三五％は、（フランス語ではない）地域語の一つを話し、理解する」といった指摘が聞かれるとき、それは公的データにもとづかない、多くは、SOFRESなど民間世論調査機関のサーベイの結果にもとづく議論である。では、公式のデータもなしに、たとえば国民教育省は、「地域語」のバカロレア選択科目への導入を認める政令《デクレ》（一九七〇年）を布告したのかという疑問が生じる。他国の眼からは不合理と映ることだろう。マイノリティへの施策と必要データとのギャップ、まさにそれは、フランスにおける移民、文化少数者、女性などに関する施策のぶつかる矛盾をなしてきたといえる。

また、フランス的平等観は、「コミュノタリスム」(communautarisme)と呼ぶ行動様式への警戒を生む。右に述べた特殊的な属性やアイデンティティにもとづくとされる集団形成をこう呼び、民族コミュニティが排他的にそのアイデンティティや文化の承認を要求したり、なんらかの目的に対して利益集団的に行動したりする傾向をいう。だが「コミュノタリスム」の語は用語としては曖昧な上、ペジョラティフ(軽蔑語)に近く、つねに、「内向きの」「共和国の統合理念に沿わない」といった否定的コノテーションで用いられ、社会学用語として扱いがたいものであることを付言したい。

対照例ともいうべきオランダの場合をみると、同国は八〇年代から民族的「マイノリティ」グループの具体的な指定を行い、彼らへの特別措置を行ってきた。フランスの高等統合審議会(ＨＣＩ)は「フランス的統合観念は、マイノリティの論理にではなく、平等の論理に従う」とし、オランダ式はフランス的平等とは相容れない、とはっきり述べている(HCI, 1993, 35)。「マイノリティの論理」とは、フランスの目からみれば、エスニック・カテゴリーを公式政策のなかにもちこむ反普遍主義であり、特殊集団に固有の権利を認める、コミュノタリスムを助長するものということになる。

オランダでは、アンティル系、アルバ系(カリブ海の南端、ベネズエラ沖の島嶼)、モルッカ系、スリナム系などの旧植民地出身者諸グループ、および主に二国間協定で外国人労働者として受け入れたトルコ系やモロッコ系などとその家族、さらにソマリア、イラク等の出身の難民、ロマ(ジプシー)を、「マイノリティ」(Minderheden)と指定し、政府はこれに特別の施策をほどこしてきた(「マイノリティ問題覚書」一九八三年)。マイノリティ人口は総数にして九〇年代で九〇〜一〇〇万人におよぶ。その施策は、外国籍、オランダ国籍とを問わず、社会の周辺部に置かれている社会経済的に低位の非土着系の居住者を、社会に統合していくためであるとされる。その目的としては、「社会経済的地位の向上」「人種民族差別の撤廃と法的地位の改善」「独自の文化アイデンティティの保持」が掲げられた。フランスでも実は、他国でなら「マイノリティ施策」と呼ばれるような施策が行われていないわけではない。

たとえば右記の、学校における「地域語」の教育や学習、あるいはロマの子弟の就学促進、移民の女性の社会的エンパワメントの支援(伊藤、二〇〇〇)、等々がそれである。これらの場合、しばしば「平等」の原則と抵触しないように、その名称を変えたり、対象規定の基準を「普遍的」なものに置き換えたりといった対応が行われる。たとえば、ブルトン語やバスク語を実際に教えるプログラムについて、「地域語」という名称を用いることで、どの地域にも存在する固有言語をも容れるかのような意味拡張を行う(じじつ、この「地域語」はピカール語、ノルマン語、ガロ語など、フランス語〔オイル語〕内の変種とみられる言語にまで広げられ、ガロ語*はバカロレアの一選択科目にまで採用された)。実際にはこれはしばしば、「特殊的なもの」をいかに「普遍的」タームに置き換えて表現するかというレトリック上の問題となるが、この置き換えが、問題の本質をずらせてしまうことも少なくない。

* ガロ語(gallo)はブルターニュ東部地方で使われてきた民衆語で、ブルトン語には属さず、むしろフラ

ンス語の下位語とみなされている。

国籍の取得——平等への王道

「共和国的」な統合を進めるには、領土内に永続的に生きる人々が、イタリア人やベルギー人やポーランド人であることを、否定はしないまでも、カッコにくくることが要請される。したがって、フランス的平等は、いま一つのコロラリーとして、外国人については、「共和国の市民になる」ことをもって平等の権利の享有のゴールとみなす傾向がある。じじつ、この国における移民の社会統合政策のなかでは、国籍の取得または付与は長らく重要な位置を占めてきた。それには、国益論に立つプラグマティズムもあったが、理念上はつねに国籍取得＝平等への王道、という公式が立てられていたのである。「フランス的統合」とは何かを論じた高等統合審議会の見解の中にも、「国民社会への能動的な参加」という表現がまさにキーワード的に使われた(HCI, 1993, 34)。

歴史をさかのぼれば、国籍へのアクセスを容易にする帰化の簡易化や、出生地主義の導入それ自体は一九世紀後半以来、まさに人口問題、さらには国防問題への対応として行われた。一八五一年二月法は、二重出生地主義を導入するのであるが、これはフランス生まれの外国人の親から同じくフランスで生まれた子はフランス人である、とするものだった。こうして付与される国籍は、一八七四年法、一八八九年法へと進むにつれ、拒否できないものとなる。それは、ほかでもない、男子の場合に兵役逃れを許さないためだった（Weil, 2002, 50）。以後の国籍法制の変遷はもう省略するが、フランス国籍法は「外国人からフランス人をつくる機械」といわれるほどに、フランス出生外国人子弟、および帰化を申請する外国人にとって開かれた法制だった。第二次大戦後も、これに若干の修正が加えられたのは一九九三年の改正（八七頁を参照）によってであるが、五年後には、ほぼ従来のかたちにもどっている。帰化申請において満たすべき要件も他国にくらべ厳しいものではなく、原国籍離脱や生計維持能力は要件に掲げられていない。

このようなフランス国籍への接近のしやすさと、国籍によるシティズンシップの制限が組み合わされているところに、この国の特徴がある。国籍を取得してこそ完全な権利の平等がもたらされるという論理がはたらいている。実際には、外国人参政権が認められていないことのほか、公務員大国といわれながら、そのかなりの職域がフランス人に留保されていて（一部EU外国人に開かれているが）、これが外国人の雇用機会を狭めているといわれる。二五〇万におよぶ公務員・軍人職はフランス人でなければ就けないし、個々にみれば、なんとパリ市の道路清掃職員が一九八二年以来外国人には不可とされており、フランス人とEU市民にのみ留保される職が一〇〇万以上におよぶ（FASILD, 2003, 18）。西欧諸国のなかでフランスは、国籍による雇用機会の制限が小さい国ではない。

いま一つの問題は、国籍と社会のフルメンバーシップが結び付けられているがため、移民・外国人にとっては、アイデンティティの多様性が許容されないと感じられることが少なくない点にある。とりわけナショナル・アイデンティティに関しては、「非フランス的」と見られるような表出行為には慎重にならざるをえない。たとえば、この国に滞在の年輪を二〇、三〇年と刻んでいる移民が「アルジェリア人」や「トルコ人」に留まりつづけるのは正常ではないとみる感覚がフランス人にはある。また外国人地方参政権が認められるべきだという主張をもつ定住外国人は、しばしば「なぜフランス国籍をとらないのか」という反問を受ける。定住的外国人に地方参政権を認めることへの賛否を問う世論調査が八〇年代から九〇年代にかけてたびたび行われてきたが、つねに「反対」は五割を超え、調査によってはこれが七割をも超えている(Gastaut, 2000, 532)。フランス人となり、ナショナル・アイデンティティを分けもつこと(よき共和国市民となること)が、暗に平等なシティズンシップの享有の前提とされる。重国籍が容認され、二重国籍者も少なくないのであるが、一般にフランス人の肯定するアイデンティティ像は比較的一次元的である。

街を行く若者たち(パリ・ムフタール通り)

筆者がインタビューで知ったことだが、在住年数の長いあるマグレブ移民が学齢期のわが子に「自分たちの言語であるアラビア語をきちんと学ばせたい」という意見を述べたところ、周りのフランス人からは、「なんのために」といういぶかしげな問いかけを受けている。英米社会でなら当然とされる親の母語、母文化を子どもに継承させるという行為が、必ずしも当然視されない。また、パリに住む中国系または華人系の親のなかには、放課後または週末などにわが子を「中華学校」に通わせる例があるが、あるリセ教師は、「かれらは内向きで、フランス文化受容の意欲が低い」と語り、このセカンドスクール通いに批判的であることが判った。

他方、問題は、取得するフランス国籍の価値が、外国人によって必ずしも同一ではなく、それによって無差別の「フランス人」への参入を果たせる人々もいれば、そうではない「書類上のフランス人」という虚構を味わわされる個人もあって、その分化が九〇年代には進んだとみられる点にある。差別、とりわけ雇用差別のゆえに、国籍の価値に懐疑的な醒めた態度をしめす第二世代が増えていることは、次章でみるように、フランス的平等の直面している問題の一つである。

平等の新しい形？「パリテ」の投げた波紋

ここで、議論を元の軌道にもどそう。

すでに述べたように、フランス式の平等は、アクターの属性を考慮しない同一の扱いを基本としている。これは性別についてさえ、その傾向が強い。性を特定しての優先処遇に対しては、他のヨーロッパ諸国以上に抵抗が大きい。しかし、機会の平等が制度上開かれていても、結果としてある分野で属性上いちじるしい不均衡がもたらされ、常人の価値判断でも容認しがたいとみられるとき、介入がなされなくてよいのか。フランスがその種のシリアスな問題状況に向き合ったものの一つが、政治の世界、特に議員の数における女性の圧倒的な劣位である。じっさい、九〇年代半ば、国民議会議員では約一割、市町村議会議員レベルでは約二割と、北欧諸国はもとより、新興デモクラシー国のスペインに比べても、女性の進出は遅れていた。

そして、一九九九年、ジョスパン政権の下で憲法が改正され、「パリテ」(parité)、すなわち比例代表制をとる地方選挙において男女同数の候補者をリストに載せることを義務づける法制化が行われた。かねて懸案とされていた改革であるが、施策としては画期的なものをもっていた。それは、「女性」という「人」および「集団」を対象とする一種のアファーマティヴ・アクションが導入されたからである。その意味で、まさにフランス的ではない、別種の平等のレールが敷かれたことになる。

この時、これを支持する多くの論者(S・アガサンスキー、B・クリエジェルなど)は、パリテはアファーマティヴ・アクションではないこと、女性－男性というのは民族・人種などとは本質的に異なるもので、属性ではないこと、両性の平等はもともと人権の大原則であること、を強調する傾向にあった(宮島、二〇〇四b、一六三～一六四)。アングロ＝サクソン・モデルの導入とみられることを極力避けようとする配慮から、世論の抵抗を和らげるためにも、そのように論じられたのであろう。けれども、それがどう理屈づけられようとも、特定の「集団」を対象とした優先措置であることは否めない。これによって、実質的に、アングロ＝サクソン・モデルは採らないとするタブーを破る第一歩が踏み出されたといってよい。

というのも、以後、少なくとも人口の女性－男性による層化と、反差別のための女性－男性にかかわるデータの収集は、正当化されていくからである。それは、たとえば二〇〇一年成立のジェニソン法(統計の性別表示に関する法)に現れている。これは、公式統計や企業の従業員構成において男女別の表示を義務づけたものであり、今後徐々に、雇用政策において男女のバランスが常時問題にされるようになっていくと思われる。パリテの投げた波紋については、その影響を極力、「性」の領域に限ろうとする傾向もあるが、及ぶところは決して小さくはないといえよう。

「人道的であること」とは

人の受け入れという観点からフランスの行動をたどると、「人道(主義)的」(humanitaire)と形容すべき要素がしばしばうかがわれる。それは、革命の標語に関連づけるなら、「平等」によりも、先に述べた「友愛」に親和性をもつものだろう。たとえばそれは難民受け入れなどに現れる。今日のように国際条約による義務化がなされる以前から、この国でたびたび多数の難民が受け入れられていたことは、「プロローグ」で触れた。

戦後では、数回のアムネスティを含む、不正規滞在外国人にたいする絶えざる正規化の措置にこれが現れている。完全雇用状態の高度経済成長期、ビザなしで入国する外国人が警察署に出頭すると直ちに正規化されたのは、人道的配慮よりも、フランスの国益のためだったということが言われ、たしかにそうした要素はつねにあった。ただ、八〇年代に整備されていく正規化の条件のなかに、安定した雇用に就いていることなどのほかに、「疾病者」「妊娠している者」「学生」「家族をもつ者」「一〇年以上の滞在者」など、いわば人道条項が付されていることは注目したい（宮島、一九九七a、一七五）。これらの点についての九〇年代の雇用・連帯省への聞き取りでは、「フランスの伝統であり、慣行である」という回答を筆者は得ている。

今日のフランス移民社会が、これらの人道的措置を基礎にしても成り立っていることを軽視すべきではない。

「人道（主義）的」とはなにか。それは単なる弱者への無原則な同情心といったものではなく、「自然法的」と呼ばれうるような、実定法を越える（または補う）ものとして確立された普遍的な規範に従うこと（宮島、二〇〇三、七）といえるだろう。フランスではこの考え方の伝統はある。これが、不利な者、弱い者への補償という観点から制度化されれば、ポジティヴ・アクションの性格ももってくる。

しかし、人道的措置の幅をどこまで広くとるかはしばしば為政者、当局者の裁量によるところがあり、不安定であって、すでに紹介した新移民法では、一〇年以上滞在する者の正規化という「フランスの伝統」には終止符が打たれるかたちとなっている。ただ、これまで慣行化されてきた人道的措置については、司法、移民支援団体や人権団体などNGOによる監視もはたらくから、一片の法律だけで廃することはむずかしいだろう。不正規者の送還措置について、訴えにより人権裁判所（ストラスブール）がフランス政府と異なる判断を下す例も今後出てくるのではないか。

エガリテの問い直しと現代的再定義

「フランスが、他の多文化諸社会にくらべての遅れを埋めているとはとても言えないこと、反差別と実質的平等の時代に足を踏み入れていないこと、これは明らかである。フランス的アプローチは、強力に原則を唱えながら、その原則を社会的実践のなかで尊重させることにはほとんど関心をもたない抽象化によって特徴づけられる」(Simon, 2006, 160)。こうした痛烈な内なる批判がいまや聞かれるようになった。

「法の下での平等」という平等観は、他の言葉に翻訳すると、形式的な意味での機会の平等に近いといえよう。たとえば、すべての子どもは、性、階級、民族出自などにかかわりなく、同じ教室で、同じ教育を受け、同じ基準で評価を受け、それが教育における「平等」とされ、そのシステム内で卓抜なアチーブメントを示す生徒が生まれれば、労働者の子であれ、移民の子であれ、差別されることなく進路が開かれていくとされる。もっとも、この平等には、公教育を初等から高等教育まで無償にするという、見方によっては特別措置ともとれるものが最初から導入されている。

しかし、学業成功率で、フランス人を両親とする生徒と非ヨーロッパ出自の生徒(たとえばトルコ系)の間に、三〇%の開きがあるとき、機会の平等の結果だからやむをえない、とされるのだろうか。出発点における後者の明らかな不利——ブルデュー式にいえば「学校前的不平等」(inégalité devant l'école）――は真剣に考慮されなくてよいのか。また、成績にすぐれたアルジェリア人生徒が、同程度の成績のフランス人生徒と、雇用提供において差別なく扱われる保障はあるのだろうか。それにしては、後にみるように、この両グループの失業率の差はあまりにも大きい。

それに、職業界での個々の数字も最近では問題にされるようになっている。たとえばメディアの世界で、イギリスではＢＢＣ放送の全従業員の一〇％、キャスターやアナウンサーでは六％が移民出身者であるのに対し、フランスの同様の放送メディアでは、割合はその十分の一にすぎないと指摘された（Le Tréhondat et Silberstein, 2004, 13）。二〇〇五年秋以降、ようやくアンテヌ２やＴＦ１の画面に移民二世または海外県出身者とみられるキャスターの姿をみるようになったという印象があるが、数字は分からない。

〇六年の夏、テレビＴＦ１のニュースキャスターに黒人のアリー・ロゼルマックが登場したことにル・モンド紙（八月八日）は、「衝撃的」で「驚くべきこと」と報じた。この感激ぶりに、かえって移民社会フランスにして厚い見えない壁があったことを思わざるをえない。が、ロゼルマックが、非移民フランス人キャスターの夏季休暇中の代役にすぎないことに同紙がなんら批判を向けなかったのはなぜだろうか。筆者にはこのことも見逃せなく思えた。

こうした数字が年を追うにつれていよいよ問題にされ、公開されるようになったこと自体、フランス的な平等が過去二〇年来批判的に対象化されるにいたっていることを物語る。そして、事実、“discrimination positive”（直訳的には「積極的差別」）と称される、アングロ゠サクソンの影響下の一種ポジティヴ・アクションに関心が集まっている。これは、主に八〇年代の社会党主導の政権の下で導入が進んだもので、フランス式のバイアスを伴いながら、教育優先地域（ZEP）政策その他で実施に移されていた。ここに内包されている論理は、エガリテ（人々の無差別・同一の扱い）に対し、むしろエキテ（平等に達するための人々の差異的な扱い）に従うもので、英米ではある程度ノーマルとみられてきたものである。

しかし、フランスではこのポジティヴ・アクションは、「法の下での平等」や、制度や人の評価の基準の「単一主義」との間につねに緊張を生む。それゆえ、このための国、自治体からの大規模な予算配分はなかなか行われがたい。企業の姿勢はさらに消極的である。のみならず、先に述べたフランス的普遍主義は、特定の「人」の集団、とりわけエスニック・カテゴリー化による集団を対象とする差異的施策に強く抵抗する。ここには、近年、アメリカに台頭しているアファーマティヴ・アクション批判も一部取り込まれている。

以上は、まさに未決の諸論点であるが、二〇〇五年一一月の「暴動」の背景に、有意的に大きなマグレブ系、アフリカ系の雇用差別、さらには彼らにおける学業挫折がよこたわっていたことを考えれば、従来的な「機会の平等」論中心でよいのか。その見直しは避けられないだろう。そのための集中的で、具体性にとんだ議論がなされうるかどうかが、カギをにぎると思うのである。

第3章 「フランス人になること」と平等の間
――移民にとっての国籍

移民人口の交替と変容

一九九九年国勢調査では、フランスの在住外国人の数は三二六万人余で、前回九〇年のそれに比べ、四〇万人以上、一一%の減少であった。それに対し、移民、すなわちフランス国外で非フランス国籍者として生まれ、現在はフランス国内に在住する者は、約四三一万人に達する(INSEE, 2005)。これを示したものが、図3－1である。移民に占める「国籍取得フランス人」の割合は三六%に達し、移民でかつフランス人である者が多くなっている。フランス人のなかに「国籍取得フランス人」の占める割合も、四・三%となっている。

また、本書執筆の最終段階の〇六年八月末に国立統計経済研究所(INSEE)の発表として飛びこんできた最新の数字をしめすと、〇四年半ばで、在住外国人は三五一万人、移民は四九三万人となっ

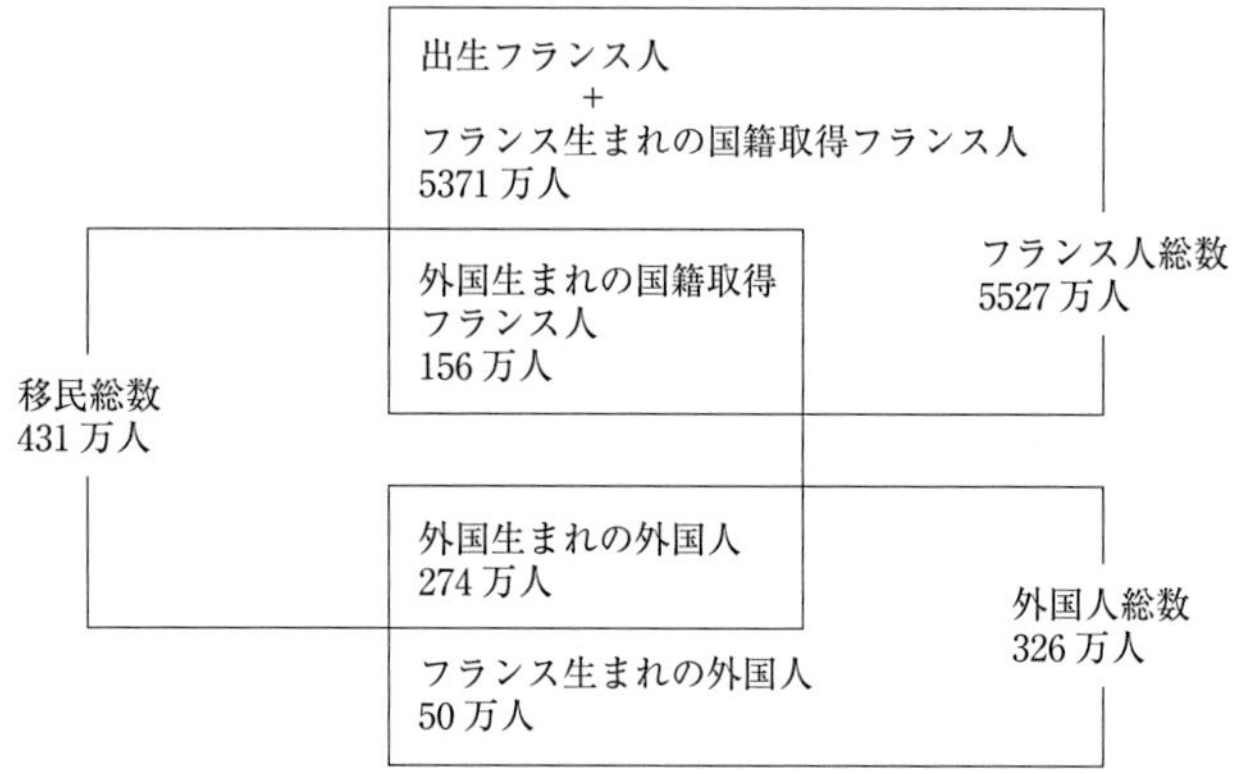

図 3-1　フランス人，外国人，移民(1999 年国勢調査から)

ていて、後者の総人口に占める割合は、八%を超えている(INSEE, 2006)。この最新データについては国籍別、出身国別等の内訳が不明なので、以下では、ごく限定的にもちいることとする。なお、「国籍取得フランス人」(Français par acquisition)とは、帰化、フランス人との婚姻、フランス生まれの外国人の子どもへの成人時の国籍付与、などにより生後にフランス人となった人々で、この国籍取得の手続きは多様である。

　次に、移民人口を出身国別にみると、南ヨーロッパ三国(現EU構成国)とマグレブ三国の数が拮抗していること、また現在の外国人人口の国籍分布とはかなりずれていること、が分かる(図3-2)。スペイン、イタリアの場合、古くからの移民が多く、一九五〇年代、六〇年代の来仏者は多くがフランス国籍になっている結果、二つの数字のズレが大きくなっていると思われる。フランス生まれの移民二世、三世については、移民にカウントされず、といってフランス国籍保有者なら、外国人としても登場しないから、

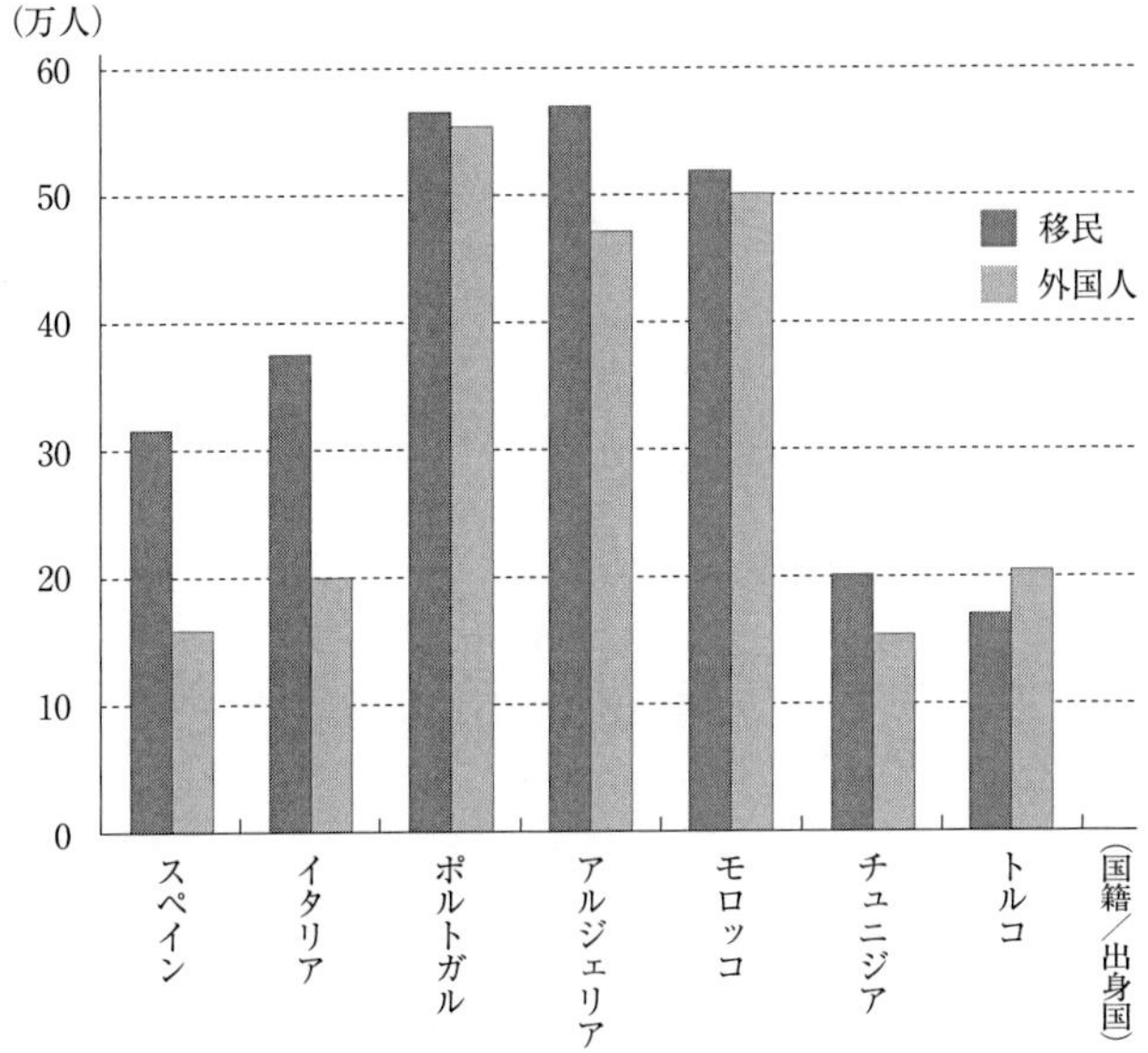

図3-2　フランスにおける移民，外国人と主な国籍，出身国(1999年)
(INSEE, 2001)

このデータ外の存在となる。トルコ系のように新しい移民の場合、移民である一世の多くがトルコ国籍にとどまり、フランス生まれの二世にもトルコ国籍にとどまる者がかなりいるのではないかと推測される。いずれにせよ、ここから筆者がこれまで論じてきた広義の移民人口(移民＋その子ども)をつかむには不十分である。

じっさい、移民＋その子どもの人口はつかむことができるだろうか。

フランスについての推計としては、「移民の子ども」は約三〇八万人という数字が示されていて(Richard, 2005, 57)、これを機械的に加算すると、六三〇万人以上となる。だが、「移民の子ども」であっても、親と同じ母国に生まれ、後に来仏している場合があるから、大雑把に差し引き約五五〇万人ほどが、移民とその子どもたちであると推定したい。これを広義の「移民」ととらえるという視点に立つと、フランス人人口の約一〇％を占めることになる。そしてこの広義の移民の内、「外国人」である者は、約四割にすぎないと推定される。

まさに移民人口の「フランス人化」が進んでいるのだ。ということは、法的には、その内部で権利上区別のない「フランス国民」でありながら、出自、身体的特徴、母語、宗教、生活・文化習慣などで相対的に独自性をもち、外部からは差異的カテゴリー化(差別)を受けやすい個人が、相当な割合で含まれるということである。また、「文化資本」の観点を導入するなら、ネイティヴではない(非フランス的)出身文化環境のゆえに社会・文化的なハンディキャップを負っている個人が、相当な割合で含まれているということでもある。

とすれば、移民のより平等な社会的受け入れを実現するには、主に国籍による権利差別を除去することに力点をおいた法的対応——とりわけ帰化など国籍取得推進政策——のみでは不十分だということが推測されよう。じっさい、「フランス人になること」すなわち国籍取得を容易にすることは、前述のようにこの国で長らく彼らの地位改善の決め手と考えられてきて、国籍取得件数は、二〇〇〇〜〇四年年間平均で一三万二二二〇件と、大きなサイズに達している(OECD, 2006, 294)。それが、いったい、どれだけ社会的な参加、平等を保障するのだろうか。

社会化と国民帰属のずれ

ところで、フランス人の「ナショナルな帰属」を強めようとする大小の施策が九〇年代からとられている。いずれも保守政権の下であるが、九三年、国語＝フランス語が憲法に明記され、同年、国籍取得において「意志の表示」を義務づける国籍法改正、世紀を回っては、二〇〇三年、「国内治安に関する法」で三色旗および国歌への侮辱の罪が設けられ、〇五年には国歌「ラ・マルセイエーズ」の学校での習得が義務化された(なお、改正国籍法のみは、九八年、ジョスパン内閣の下で再改正され、「意志の表示」条項は消えた)。

そこには共通の流れがあるように思われる。それは「国民的アイデンティティの弱まり」あるいは「統合プロセスの挫折」と感じられるものに対する懸念である。背景にはグローバリゼーションやヨーロッパ建設の影響もあるが、より直接には、「移民出自の若者たち」の増加が危惧の因とされている(Ribert, 2006, 11–12)。象徴的出来事は、〇一年一〇月、パリ郊外サン＝ドニ市の、九八年ワールドカップサッカーの舞台で知られるフランス・スタディアムで行われたフランス－アルジェリア対抗試合で起きる。席を埋めたアルジェリア系若者が、奏されるラ・マルセイエーズにブーイングを浴びせ、逆にアルジェリア国歌演奏に大合唱で和したのである。政治家たちとメディアはショックを受ける。これが右の立法の大きな動機となった。スタディアムを埋めたアルジェリア系の若者は多くがフランス生まれで、国籍の付与または取得によってすでに「フランス人」になっていたと思われる。その若者たちが国籍国(の一つ)であるフランスにあからさまに不満を表明したことの意味を、政府は果たして正面から理解しようと努めたのだろうか。

このように称揚される国籍付与(取得)による統合という観念にたいし、二つの問題が提起される。R・ブルーベーカーは端的に、フランスの国民観は「国家中心的で同化主義的」であると書いているが(二〇〇五、一五)、とすれば、この観念はシティズンシップを国籍保有と固くリンクさせる、どちらかといえば伝統的な国民国家観念の枠内にあるとみられる。また、いま一つの重要な問いは、こうして外来者とその子・孫たちは、フランス式に統合され、「国民」という集団に迎えられ、差別のない共同体の一員になっていくのか、単に法的のみならず、社会的、経済的な平等も保障されていくのか、である。「ラ・マルセイエーズ」へのブーイングは、これへの青年たちの一つの回答だったかもしれない。

今、この問いがことに重い響きをもち、緊急性をもつのは、先述の〇五年秋の「暴動」が——当事者のメッセージが言語化されないなか——彼らの国民への法的統合が常時進みながら、にもかかわらず社会的排除が深刻であるという鋭い矛盾を、シグナル化していると思われるからである。

フランス国籍の両義性

歴史をたどると、「フランス人であること」には、必ずしも一貫しない、複雑な意味が相次いで付されてきた。

フランス革命時、まだ「国籍」(nationalité)という観念は存在せず、一七九一年憲法では、コスモポリタンな革命精神を反映し、フランス「市民」の資格は、外国人でも、市民になろうとする意志を宣誓し、五年間という継続的居住の要件を満たせば認められるとした。主意主義的な考え方が強かったのだ。しかし、第一帝政下の一八〇三年、民法典(ナポレオン法典)の中に初めて「国籍」が定められたとき、それは血統《フィリアシオン》によって伝達される権利・資格とされている(ただし、父系)。P・ヴェイユはそれに、近代的な国籍法の第一号であるという注目すべき解釈を加えた。「これは、領土内の出生をフランス人の資格の第一の基準としたアンシャン・レジームの「封建的」アプローチとの訣別だった。爾来、国籍は、出生の時に付与され、たとえ外国に居所を移しても、もはや失われない属人的権利となったからである」(Weil, 2002, 12)。

ところが、一九世紀後半、国籍を基礎づけるのに出生地主義という、形のうえではアンシャン・レジームに先祖帰りをしたかのような、別の原理が導入される。それは「フランスは、ヨーロッパのどこよりも早く始まった人口減少を、移民受け入れで埋めたいと考えたのであり、またそれは新しい兵士をつくるためでもあった」(ヴィートル・ド・ウェンデン、一九九四、二一二)。この世紀の後半、工業・農業の労働力として隣国から多くの外国人が受け入れられるが、くわえて、対ドイツの軍事的警戒がつねに語られ、多数の兵士の補充がまたれていた。ここに、外国人から労働者や兵士をつくり出すために、というほとんどプラグマティックといってよい国籍のとらえ方がみてとれる。一八八九年法は、「二重出生地主義」を取り入れて、フランス生まれの外国人の子は、親もフランス生まれであれば、出生と同時に自動的にフランス人となるとし、しかもその国籍は拒否できないものとした（もちろん現行法では拒否できる）。

こうした変遷があるだけに、近代フランスの国籍は、属人的不可侵性と、プラグマティックでさえある獲得可能性という両義性のなかに立ち現れている。ただし後者についての解釈はまた時期とともに変わっていく。

ところで、フランスの国籍観はたとえばドイツのそれに比べよりシヴィックで、普遍主義的である、という見方についてはどうか。前章でも論じたが、このいささか単純化された議論に対しては、イエスであり、ノーでもあるといわざるをえない。出生地主義を採用していること、国籍取得者に原国籍からの離脱を特に求めない（重国籍を認める）こと、という点に注目するなら、いわゆる国家への忠誠について、ゆるやかな開かれた見方をとっていることを意味しよう。これに対し、ドイツは二〇世紀末まで久しく血統主義一本で来て、ナチスの一九三〇年代には「人種」によるドイツ人の聖化さえ行われた（バーリー／ヴィッパーマン、二〇〇一）。しかし、一九世紀半ばのプロイセンの血統主義的国籍法の制定過程を検討したヴェイユは、それがエスニックな民族概念によるものではなく、フランス民法の規定を近代的とみなし、参照し、制定されたものだとしている（Weil, 2002, 193）。

出生地主義についてはどうか。ここでは本人のフランスでの出生の事実だけでなく、親のいずれかがすでにフランスに生まれているか、そうでない場合、本人が、相当期間フランスに居住していることを条件に国籍を認めるものであるから、フランス社会との繋がりの深さは重視されている。とすると、これは自動的国籍付与とみるべきではなく、ヴェイユの表現を借りれば、本人の忠誠心をこそ問わないが、「社会化」を重視したアプローチだということになる（*Ibid.*, 12）。

それでも、共和国の一員たろうとすると、一定の文化的同意が求められる。あの主意主義的国民観の代表のように見られるエルンスト・ルナンの議論も、国民とは「魂」であり「精神原理」であると論じていた（一九九七、六一）。それはともかく、今日、たとえば帰化という手続きについては、申請の要件の一つに、フランス語の能力を重視する「フランス人コミュニティへの同化」というそれがあり、この「同化」にはポリガム（一夫多妻婚）でないことなども含まれる。さらにこの社会に生きていこうとすれば、「共和国モデル」が暗に、または明示的に課される。そこには非宗教性（ライシテ）、個人主義、反コミュノタリスムなどが含まれる。これらは全体として、アングロ＝サクソンの眼からは「同化」と区別しがたいものと映っている（ハーグリーヴス、一九九七など）。

とすれば、比較的容易に国籍にアクセスしていく移民たちが、いったんフランス国民となって後、こうした「同化」の圧力を経験することも起こりうる。これを、あえて要約すると、国籍取得の条件・過程が比較的透明で、アクセスも容易である反面、市民の行為への規範的方向づけも比較的強く、彼らは、「共和国モデル」と称される枠付けをこうむり、国民アイデンティティの確認がつねに求められる、という条件のなかに置かれる。

自動的国籍付与が問題なのか

外国人が国籍取得へと進むとき、それには主なルートとして次の四つが挙げられる。

帰化(naturalisation)は、成人の外国人の申請に対し、国家が国籍を付与するもので、その付与には国家の裁量がはたらく。申請には、五年間以上の継続的居住、フランス語の能力、素行善良などの要件が付される。この帰化が国籍取得に占める比率は低く、三分の一から四分の一程度である。

次に、外国人の両親からフランスで生まれた子は、一一歳以後五年間以上フランスに居住していれば、成人した時点で(意志の表示なしに)フランス国籍を取得する。なお、この場合、国籍取得までの幼少年期の子どもの国籍どうなるのか。親の母国の国籍を留保していれば、それが子どもの国籍となるであろうが、フランス側も特別な配慮をし、「共和国身分証」(titre d'identité républicain)を交付し、ビザなしでフランス出国、入国ができるようになっている。なお、外国人の親の少なくとも一人がフランスで生まれている場合、フランスで生まれた子は、出生時からフランス人である(二重出生地主義)。これは一般に「国籍取得」と言わず、「国籍付与」(attribution de la nationalité)と呼ばれる。また、フランス人と結婚した外国人は、フランス国籍を取得するには、結婚後二年間経過後に裁判所に届け出ることになる(〇六年七月以前は一年間)。両人の共同生活の継続等が条件となる。

以上のなかで、八〇年代、九〇年代に特に争点となったのは、ほかでもない、フランス国内で出生した外国人子弟への「国籍付与」または彼らの「成人時の国籍取得」である。それが「自動的」(すでに述べたように、厳密にはそうではない)であることに対し、「書類上のフランス人」(français sur le papier)を生産するものという批判が八六年、シラク内閣の時以来保守・右翼の側から精力的に展開され、議論を生じた。

この「書類上のフランス人」なる言葉には、実は三つの意味、論点がこめられていた。

一つは、フランスの市民となることの条件が大革命時には意志の行為によるものだったことを想起させつつ、国籍取得の意志の表明を義務づけるべきだ、という議論が対置された。ルナンの『国民とは何か』における「国民の存在は、日々の人民投票なのです」ということばがよく引かれた。

次に、「移民・外国人の過剰」という感情に訴え、「あまりにも寛大な国籍法」が「書類上のフランス人」をつくりだしていると非難する論があり、右翼勢力は、移民の子どもたちの非行や犯罪をもあげつらった。ただ、意志の表示を真に必要と考えるのか、それとも「不良」移民排除の手段にこれを掲げるのか、は曖昧であり、国籍を拒まれた者の退去強制などは現実に可能でもなかった。

そして、第三の意味は、公の論議には現れてこないが、当事者の移民たち自身がひそかに語る言葉、「国籍は認められたが、形ばかりで、〝イミグレ〟と呼ばれつづけて、何も変わらない」に関係する。そうした幻滅と憤懣から、この「ペーパー・フランス人」の言葉が彼らに肯定されることもある。

その後、社会党系への政権交代もあり、「自動的」国籍付与を見直す法改正は見送られたが、九三年に再び保守に政権が移行して、バラデュール首相の下で国籍法が改正された(当時の法務大臣の名をとり、「メニューリ法」)。それは、外国人を親としてフランスに生まれた子どもの国籍取得は、自動的ではなく、一六〜二一歳の間の意志表示(manifestation de volonté)によるものとされた。また あるレベル以上の刑事上の犯罪を犯した者には、意志表示の効力はないものとされた。「フランス人たるには、それにふさわしくなければならない」(être Français, ça se mérite)という合言葉の下、意志を表示させれば国民アイデンティティを強める手段となり、外国人の統合もより容易になるだろう、とされたのである。これは、見ようによっては一種の「政治的忠誠心」の導入といえる。法が発効した九四年以降、人権団体や移民支援団体は、移民の青少年向けに法律が変わったことの大キャンペーンを開始し、「意志の表示の手続きを忘れないように」という助言を機会あるごとにくりかえした。

この法改正による利益遺失者、つまり意志表示をすれば可能だったのに、しなかったためフランス国籍が取得できなくなった者は一〇〜一五%ではなかったかといわれているが、当事者の属する階層によって差があるのではないか、とGISTIは危惧を表明していた(GISTI, 1994)。前記のように、同法はジョスパン政権の下で行われた改正(同じく法相の名をとりギグー法)によって置きかえられ、意志表示の義務は廃され、その後の保守政権の下でもこれは再度もちだされることはない。だが潜在的には、「フランス人」とは忠誠の問題なのか、社会化の問題なのか、というかたちで問われる問題に決着がついたわけではなく、〇六年七月の新移民法では、国籍取得時の「記念式典」への参加という形で、一種の意志確認プロセスが付け加えられた。

ちなみに、このように国籍取得が重視され、「国籍」が価値づけられることは、反面、この国のシティズンシップ観に狭さをもたらしているともいえる。じじつ、脱国民国家シティズンシップともいうべき、外国人への権利付与には、フランスはある面で遅れをとってきた。それは、今日なお外国人地方参政権が認められていないこと、ドイツなどに比べ市町村レベルの諮問機関としての外国人会議の設置が低調であること、いわゆるＥＵ市民権の一要素としての相互主義の地方参政権の法制化についても他国に比べて時期的に遅れたこと、などに現れている。さらに、イギリスやスペインに比べても、「準シティズンシップ」ともいうべき地域分権シティズンシップ（ウェールズ、カタルーニャ、バスクなどの言語権を中心とするシティズンシップ）について、許容的とはいえない。

ジャコビニスムという要素を、ここで説明変数として導入すべきかもしれない。それは、政治・行政システムとしては中央集権主義あるいは単一主義、市民成員の権利論からすれば法的に差異を認めない無差別平等論である。そこでは、フルシティズンシップをもつ成員と一部のシティズンシップのみを行使する成員、あるいは特別な文化的権利をもつ成員とそうでない成員が並存することを、正当とは認めがたい、とする判断がはたらく。これは、外国人・移民の権利擁護に心を砕いている今日の運動家たちのなかにさえ働いている感覚である。それゆえ、Ｔ・ハンマーによって立てられた、ヨーロッパ・シティズンシップの二つのモデル、「外国人参政権モデル」と「帰化モデル」の二分法（ハンマー、一九九九）に従えば、フランスのそれは後者に傾斜しているといえる。

国籍は必要、しかしそれ以上のものではない

ここで、当事者の移民たちの意識、行動に目を転じる。アルジェリア人、モロッコ人、ポルトガル人、チュニジア人、マリ人等の第二世代以下が、どのように自分たちの国籍、アイデンティティを考えているか。九〇年代後半に、国籍取得のさいの「意志の表示」問題に関して多くの移民の若者にインタビューしたE・リベールの得た心証が説得力に富むと思われるので、引用する。

「〔フランス〕国籍はアイデンティティに枠をはめるものではない。といって、原国籍がフランス国籍以上に強く作用しているというわけでもない。国民への帰属は、かつて戦争直後や植民地解放の時期に、フランス人、移民に対してもっていたような意義をもはやもたない。国民という地位の取得は、フランスで普通の生活を営むのに不可欠で、当然のことであり、若者のなかになんら特別な思いを引き起こさない。じっさい、青少年たちは、この地でまともに生きて行くのに、フランス人の身分証明書の所持が必要であるとみている。フランス人という「証明書」が与えてくれる保護は必要であり、フランス人と変わりなく同じチャンスを利用できるべきだからである。彼らはほとんど幻想をいだいていないが、しかしその姿勢は、功利主義的ではなく、平等主義的である」(Ribert, 2006, 32)

フランス国籍をもつことに意識的に抵抗した世代がたとえばアルジェリア人のなかにいて、八〇年代に一女子学生（サイーダ）がこう語ったことを、筆者は別の機会に紹介した。「私の親たちは、押し付けられた国籍ではなく、自分たちの国籍をもつためにこそ、フランス軍と命をかけて戦った。今、フランス国籍を取得する行為をどうしてとれるでしょうか」（宮島、二〇〇四b、七〇）。国籍取得をこのように意識化し、肯定的にか否定的にか自分のなかで問うという態度は、旧植民地出身の移民第二世代では薄れつつある。アルジェリア人の国籍取得も過去一〇年来増えている。難民として来仏したインドシナ系などの場合、親たちはフランスに入国することに期待をかけ、帰化に特別な意義をみいだしていたかもしれないが、その子どもたちは、フランス人の仲間と親しみ、同じ教育を受け、国籍の付与または取得を当然のことと考えている。

である以上、「意志の表示」を要件とする国籍取得手続きに彼らが反発したのは当然だろう。反発しつつも、しかし国籍は必要だから、「メニューリ法」が生きているかぎり、その規定には従うという坦々とした姿勢もみられた。これを元にもどした「ギグー法」に、移民の子弟はもちろん満足したが、この五年前の過去への回帰もまた当然のことと認識したのだった。

なぜフランス国籍が必要か。彼ら第二世代が考えることは、就職に必要かつ有効ということだろうか。公務員試験、教員試験などを考える者はごく少ないだろう。ＥＵ市民になって国境を越える自由移動にあずかり、より有利な条件で就労を、と考える者は、もっと少数だろう。そうした機会の開放は無ではないとしても、有利に利用するには学歴資格も必要である。その条件を満たしても、出自による差別が簡単になくならないことを知っている。

むしろ多くの若者は、もっと日常的な必要を考えるようだ。「身分証明書（パピエ）を！」といわれたとき、フランス人の身分証をみせれば、比較的問題がなく、スムーズに事がはこぶ、と。容貌や肌の色からつねに差異化の眼差しでみられ、「パピエ」の提示を求められやすい彼らにしてみれば、当然かつ切実な思いであろう。治安関係の係官が目を光らせる空港や駅頭で、また警察が何かにつけ職務質問をする街頭で、あるいはなんらかの手続きをしようとする役所や銀行で、彼らはモロッコ人とかマリ人としての滞在許可証やパスポートを見せれば、次々と質問を受け、他のさまざまな書類の提示を要求される。不備がみつかると、警察の留置場で一晩を送ることもありえないことではない。フランス国籍は、そうした災厄から彼らを救ってくれる。象徴的にいえば、国籍とは彼らにとって、まず第一に「パピエ」であり、好んで使う言葉では、「通行証」なのだ。

「フランス人」として自己呈示できるか

リベールが述べるには、移民出身青少年において「〔フランス〕国籍は、アイデンティティに枠をはめない」。だが、ナショナル・アイデンティティの自由な表明は、フランスでは必ずしも容易ではなく、公的な場では移民たちの場合もかなり自己抑制がかかるのが通例である。しかし、国籍からアイデンティティを距離化しようという傾向は青年たちによく見られ、そこには外からはたらく理由がひそんでいる。モロッコ系の生徒ニザールの言葉を聞こう。

「もしも新しい友達ができて、「キミは何系」とか、キミの出身は？　と聞かれれば、「モロッコ人だ」と答えると思う。「フランス国籍のモロッコ人だ」と言ったってダメなんだ。「自分はフランス人」と自己紹介したことなんか一度もない。書類に書くときはたぶん別だろうけど。学校の教室ではこんな具合になるだろう。「キミの国籍は？」「フランス人です」「では、生まれたのはどこ？」「フランスです」」(Ribert, 2006, 157)

少年は、周囲の人々がかれについて何を知りたがっているか分かっている。かれがフランス人かどうかなどではなく、どこからの移民の子であり、どうして今フランスに住んでいるのか、ということなのだ。教室で教師が知りたいのもこのことであって、「生まれはどこ？」というのが、いわば質問の核心をなす。「マラケシュの近くの村です」などという答えを期待するのだろうが、「フランス生まれ」という答えを聞いて、ちょっと拍子抜けであるにちがいない。

だから、こうもいえよう。ニザールのような少年が「自分はフランス人だ」と

パリの街角の移民第2世代の若者

言ったところで、周囲の人間は、カッコ付きフランス人と解釈するだけで、同じ仲間とは認めたがらない。「モロケーンだ」という言葉を聞いて、自分たちとは違う人間にカテゴリー化し、やっと心は落ち着くのだろう。国籍取得者であろうとなかろうと、「モロケーン」「アラブ」あるいは「ブァール」(beur＝「アラブ」の逆さ言葉)といった呼称が優先的に使われて、かれについて、フランス人であることは後景に追いやられている。よくある反応では、フランス人か、どこの生まれかに関わりなく、「イミグレ」という呼び方で一括りにされてしまうこともある。

彼らが職を求めるさい、このことが再経験される。特にマグレブ系、アフリカ系の若者では、明らかに有意に差別を経験する機会が多い。「求人に応じて何度も履歴書を企業に送ったが、なしのつぶてだった」。「面接をしてもらい、特にミスもなく、資格も他の候補者より劣っていないと思ったが、不採用だった」。「出自、性、家族状況、身体的外見……民族、人種……」による差別を禁じる刑法上の厳格な法律があっての上でのことである。

ただ、女性の場合は、いくらか経験が異なるようだ。同じモロッコ系だが、大学生のアイシャ(一九歳)は、フランス国籍をもっと積極的にとらえている。

「父にとってはフランスは、単なるホスト国、毎年帰国できるようにお金を稼がせてくれる国にすぎない。その帰る国が本当の国なのね。でも、私はちがう。全くちがい、そんな風にみていない。父とは隔たりが大きくて、理解し合うなんて無理。かれはいわば後ろ向きの考えをしている。……私の中では父は権威者。かれの言うことには逆らえない。ただ、それだけの人よ。……

とにかく、今のフランスをみていると、しっかりフランス国籍をもたなければいけないと思う。そうでないと、職につくチャンスもまったくない。「モロッコ国籍」「アルジェリア国籍」ではなく「フランス国籍」と聞くと、良い目でみてくれるからね」(*Ibid.*, 76, 78)

果たしてそうだろうか。マグレブ系の若い女性にしばしばみられるのは、家族内を支配する家父長制から逃れるため、個としての自立を目指し、勉学に打ち込み、積極的に職業を得ようとする態度である。父に反発するアイシャは、フランスの生活に肯定的にかかわろうとする。そして自立のための勉学、就職を早くから考えており、そのためにはフランス国籍は当然必要と考えている。積極的な国籍取得派といえる。しかし、「フランス国籍」と聞くと周囲が「良い目でみてくれる」という彼女の期待は、どれだけ容れられるだろうか。

地域のなかでの孤立

彼らが「フランス人であること」の地域での経験はどうか。

幼時の保育園(クレッシュ)に始まり、中学校(コレージュ)までを通い、友達をつくり、近隣関係をつくり、最初の仕事探しをするのもその地域社会の中、または近辺においてであろう。専門学校や大学へ進む者はともかく、そうでない若者は、ほとんど生まれ育ったコミュヌを大きく出ることもない。八〇年代、移民子弟たちが地域に「新しいシティズンシップ」をみいだしていく可能性が、かなりの期待をこめて語られた。ミッテラン大統領とその政権の下で、外国人の結社づくりの自由が認められ、移民青少年のスポーツや文化活動が盛んになり、小・中学生のための補習教室も各地で開かれて、同じ出身国や同じ民族の学生たちが子どもの宿題をみ、そうした活動に公的な補助金が与えられる体制も生まれた。八一、八二年当時のことだが、外国人地方参政権の実現も間近かとの期待もみなぎっていた。

だが、その後今日にいたるまで、彼らの地域に曙光が射すことはない。特にその典型的居住地である、パリほかの大都市の郊外の移民青年の状況は、失業、孤立、フランス市民生活からの疎隔によって特徴づけられ、停滞状況がつづいてきた。

パリ郊外の「暴動」のとき、焼けた車の残骸を背景にインタビューを受けた中年の一モロッコ系フランス人教師は「国籍とは何か。昔の私は平等な機会が開かれ生活が向上する切符だと信じていた。今の私には警察の尋問を逃れる単なる通行証でしかない」と語ると同時に、こうも言う。「一世の私には帰る祖国はあるが、私の子どもたちにはない。いつまでも「フランスの移民」であって「フランス人」にはならない」(朝日新聞、一一月一八日)。先のニザールの言葉がまさにこれを裏書きしている。

シテ、あるいは地域社会の中では警察との衝突がよく事件のきっかけとなる。なんらかの正当な理由があるとしても、しばしば短絡的でもあるその行動は、社会学的に解すれば、不満を合理的に訴えアウトプット化する社会的手段を彼らがもてないことの表れとみることもできる。失業青年はもとより、代行労働(一二〇頁参照)やアルバイトなど不安定な期限付き雇用で働く者は、労働組合とのつながりがなく、政党の地区組織から働きかけを受けることも少なく、政治とも切り離されている。以前に比べての様変わりである。もっとも、労組の社会的影響力の低下は、フランス全体の大きな問題であって、労組組織率は一〇%を切るまでに落ち込んでいると報告されている(Andolfatto, 2004, 10)。

ローカル・シティズンシップの可能性

このように社会的絆の欠如が問題であるとすれば、移民出身青年になんとかそうした絆を与えようという試みは不可能だろうか。より身近な地域社会のなかで自治体やNGOがそうした課題にチャレンジしているケースも、ないわけではない。たとえば、これまでも触れたパリの郊外都市マント=ラ=ジョリの移民の多く住むヴァル・フレ地区では、市会の諮問機関として街区会議《コンセイユ・デ・カルチェ》が設けられ、一六歳以上の住民が投票に参加して、その代表者を選んでいる。さらに同市は、移民の若者の就職を助けようと、彼らに助言や保証をあたえる「後見親」(parrains)の制度を設け、元企業管理職などを委嘱している。

政党支部の積極的な働きかけがあり、これに応じて、移民第二世代が自ら参加をもとめた例もある。ボルドーでは、二〇歳のモロッコ系女子大学生が二〇〇二年の大統領選で、ある投票所で投票・開票立会人を務め、まれなケースとして話題を呼んだ(ル・モンド、六月一一日)。スーミアは移民労働者の家庭に生まれ、昔からの移民街に育ち、大学に進学できたのは「奇跡だった」と自分でも言う。ノンポリから、政党と関わる道に入ったのは姉の影響もあったが、社会党のボルドー北部支部の働きかけによる。同支部は移民の若者たちに集会参加を呼びかけ、彼女も思い切って出掛けていって、打ち解けた友好的な雰囲気に惹かれ、ジョスパンの政策を支持しようと心に決める。移民も多いある労働者街の小学校で選挙の立会人を引き受けることになった。だが、いざ投票日となると、若者たちがなかなか投票所に現れず、やきもきする。それは彼女にとって忘れられない、ジョスパンがルペンを前にして敗れ去る悲しい日となった。

移民多住都市のなかでマルセイユ市は独特で、現状と問題をよく現している。

すでに別の機会に触れたが(宮島、二〇〇四b)、移民出身の青少年たちは、「フランス人であること」にほとんど意味をみいだしていないが、「マルセイユ」というコミュニティへのアイデンティフィケーションは、意外なほどに大きい。「ノール」の名で呼ばれるマルセイユの市北部には名だたる移民多住地域が広がり、住民にマグレブ系、ブラックアフリカ系が大半を占め、失業率は高く、地区の公立学校はのきなみ教育優先地域(ZEP)に属している。ところが、V・ジェイッセールらがこの北部地区のリセ生徒たち約七〇〇名を対象に一九九九〜二〇〇〇年度に行った質問紙調査では、かれ・彼女らの自己アイデンティティを尋ねて、「フランス人であること」の肯定一一・七%に対し、「マルセイユっ子であること」四七・八%、「若者であること」二五・八%、「宗教」二三・八%という注目すべき結果を得ている。複数回答の質問であるが、「フランス人であること」を選んだ回答は、一割強でしかない。「ピンとこない」「抽象的で、実感できない」「他人がフランス人とみてくれないだ

表3-1 「マルセイユは寛容な町だと思うか」(単位 %)

あなたにとってマルセイユという町は？	家族がフランス本土出身の生徒	家族がマグレブ系，アフリカ系の生徒	全　体
どちらかといえば寛容	81.8	82.3	81.7
どちらかといえば差別的	9.4	8.9	8.7
無回答	8.6	8.9	9.5
合　計	100	100	100

ろう」などの理由づけがあるだろう。マルセイユでは、国民戦線のキャンペーンも強力で、かれ・彼女らがレイシズムを経験する機会も少なくないと思われる。ところが、少年たちにあって「マルセイユっ子」アイデンティティだけは、明らかに肯定的なのである。

マルセイユ市政は、(共和国モデルにいささか違背して)市内の民族宗教コミュニティを事実上承認して補助金を与え、あるいは「コミュニティ会議」(「マルセイユ・エスペランス」)という諮問機関に代表を召集するなど、コミュノタリスムの助長と呼ばれかねない政策を展開してきた。ジェイッセールは、現にマルセイユが「複数コミュニティの町」(ville pluricommunautaire)だということは生徒の九〇%が認めていることを引き、複数の民族、宗教(特にイスラーム)が共存できているとみる「寛容なマルセイユ」の表象が強くはたらいている、と解釈する(Geisser, 2003, 21-26)。表3-1の調査結果は、フランスの他の移民多住都市ではあまり考えられない数字だろう(*Ibid.*, 26)。

筆者もこれまで幾たびかマルセイユを訪れて、街を歩き、印象として感じたのは、町を支配するマジョリティ文化(フランス文化)の存在が比較的希薄だということである。この町の歴史的モニュメントも、その多くが、

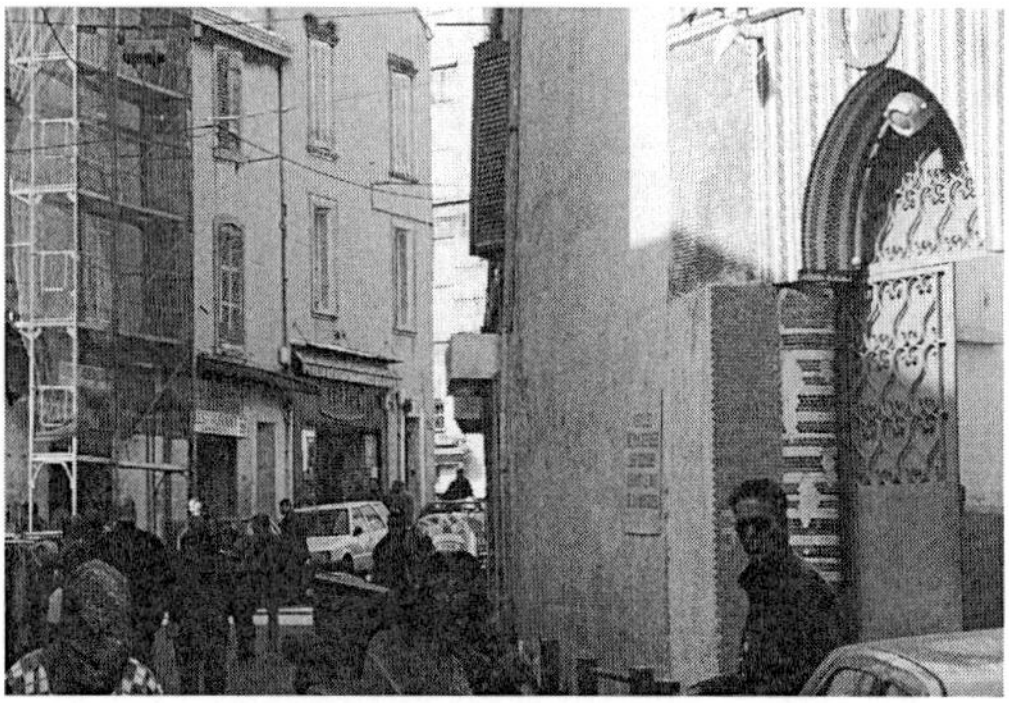

マルセイユ市中心部(右側にモスクの入口がみえる)

外来者や外来文化にかかわっている。非フランス的要素がそこに持ちこまれても、あまり抵抗がなく、排除もされない。たとえば、だれが持ちこんだのか分からないが、数年前には地中海の彼方で行われているアルジェリア大統領選挙のポスターがさりげなく街角に貼り出されているのを目にした。フランスの他の町では出遭わないような光景である。「寛容なマルセイユ」という生徒たちのイメージと関係する現象かもしれない。この町に住む諸民族がそれぞれのアイデンティティ表出を行い、特に摩擦を生じることもない。それがマルセイユの特徴ではなかろうか。

　リセ生徒はまだ社会的には曖昧な存在であり、職業生活のなかでのマイノリティ経験をもっていない。その点は割り引かなければならないが、かれ・彼女らにとって地域レベルのシティズンシップがどのような条件で成り立ちうるのか、その一端がここから分かる。フランス人であることは所与であって、特に意味付与すべきことではない。だが、彼らの住まうマルセイユの町が、「居場所」を感じさせてくれるとすれば、彼らは社会的孤立者ではなく、この地域への愛着と参加を通して、自分がフランス人であることをみいだす可能性も開けるかもしれない。

「移民社会」フランスとは、成員の法的地位からみれば、半ば「フランス人社会」となっている。今後もますますそうなっていくだろう。国家は、「まず、共和国の一員であることの自覚をもつべし」と移民出身の若者に訴える。お隣のイギリスでも、ブラッドフォード市における衝突事件(二〇〇一年)などを経て、トニー・ブレア政権が、市民権を取得する者にいわば最後の「関門」として、「エリザベス女王とその後継者に対し忠誠を誓います」という宣誓の儀式を義務づけた。だが、そうしたことが先行しても、移民がすすんで参加する社会がつくられるかどうか、必ずしも保証はないだろう。フランスの現状に照らすと、そのような宣誓の義務づけよりも、フランス社会が外来の移民やその子どもたちを平等に扱い、受け入れることのほうが大事ではなかろうか。「自分をフランス人だと自己紹介しても、無意味」と感じる若者が多数いるという現実は見逃せない。その背後で起こっている、移民の地位の周辺化こそが問題にされなければならない。

第4章　社会的統合の危機

社会的統合の観点から

くりかえすまでもないが、移民たちは決して等質のグループをなしてはいない。第一世代は、スペインのアンダルシアから、西アフリカのソニンケ社会から、トルコのアナトリア高原から、カビールのベルベル語世界からと、それぞれの非常に異質な出身環境を背後に負いながら来仏し、それぞれの労働市場に入っていった。第二世代は、フランスの学校教育を経ることで、言語、文化、価値においてかなり共通の習得過程をもち、フランス化されたはずであるが、それでいて社会的統合には大きな格差が生じている。否、この点からふりかえると、すでに学業的成功にも個人的、集団的に格差が生じていたことがわかる。社会的統合における格差は、失業、その他の社会的排除によって測られる。が、近年、それが拡大し、若干のグループに重くのしかかっているところに、「移民社会」フランスの危機の基本相があるともいえる。

この社会的統合のもっとも重要な要素である雇用について、とりわけマグレブ系、ブラックアフリカ系、トルコ系が、排除を経験しているという現実がある。「フランス国民」化し、その行動様式において「共和国モデル」に従うようになっても、雇用における彼らの不利および差別は減じられない。たしかにフランス人であるか外国人であるかによって、雇用へのアクセスの制度上の差別があることはすでに触れた。また、EU出身外国人は、もはや単なる外国人ではなく、入国・居住の大幅な自由、労働ビザの免除、多くの職業資格のカベの撤廃など、有利な条件を与えられていることも周知のとおりである。この意味では、フランス人−EU出身外国人−非EU外国人といった三分法でみることが必要であるかもしれない。

しかし、以下で問いたいことは、制度的な障害や差別ではなく、「ヴィジブル・マイノリティ」であるマグレブ系やブラックアフリカ系、あるいはトルコ系の移民とその第二世代が出遭っている社会的統合の困難が何かということである。彼らの社会統合の条件は、フランス人−外国人の二分法によって整理することはもちろんできない。その意味では、以下で論じるのは、主に非制度的な諸問題となる。

移民の異質・多様性

いったん国籍はカッコにくくり、移民とその子どもたちに目を向けるならば、フランスにおける移民人口は、かなり異質かつ多様(hétérogènes)である。前掲の図1-1(二二頁)の数字を大ざっぱに整理すると、ヨーロッパ系とマグレブ系がそれぞれ一二〇〜一三〇万人とほぼ拮抗していて、その他アフリカ系、トルコ、その他アジア系となっている。この多様性はフランスの特徴でもある。

じっさい、大都市のインナーシティや郊外都市で、フランス人居住の旧街区とHLM(適正家賃住宅)地区がいかに異種並存的な空間となっているか、その一端を垣間見てみよう。

パリ市にすぐ隣接する北郊のラ・クールヌーヴ市は、HLMの展開する町であるが、そのあるコレージュ(公立中学校)の一クラスの生徒五五人に九〇年代末になされた聞き取り調査があるので、それを参照することができる(Lepoutre, 2005, 62-63)。生徒の親のほとんどが移民または植民地出身者であることは驚くべきで、その出身地域、職業階層が次のように報告されている。

すなわち、マグレブ系一九人(アルジェリア一三、モロッコ六)、東南アジア七人(カンボジア五、ベトナム二)、インド亜大陸八人(旧フランス領七、パキスタン一)、ブラックアフリカ系五人(マリ二、ザイール、セネガル、コモロ各一)、ポルトガル二人、トルコ二人(クルド系)、ハイティ一人、フランス九人(内海外県・海外領七)。父親の社会職業カテゴリーを尋ねると、ブルーカラー労働者三一人、事務員一二人、中間的職業五人、自営的職人三人となっている。そして、右のコレージュは、後に述べる「教育優先地域」(ZEP)に含められている。

いま一つ、ほぼ同じ時期のパリの西方八〇キロとやや遠い郊外にあるドゥルー市(人口約三万七〇〇〇人)をみてみよう。ここには沈滞した工業地帯が展開し、マグレブ系を筆頭にひじょうに多くの

表 4-1　街区ごとの住民の民族的出自(ドゥルー市／単位 %)

	中心部	レ・バート	フォッシュ団地	レ・ロシェル	ミシュレ	レ・シャマール	市全体
フランス	84.3	73.0	63.7	52.5	41.7	20.9	51.4
モロッコ	0.9	8.9	13.5	19.5	14.4	45.1	19.9
アルジェリア	1.2	7.3	7.2	7.6	15.3	10.0	8.9
トルコ	0.3	1.4	1.7	7.6	7.0	10.3	5.4
ポルトガル	8.9	2.8	3.2	3.4	10.0	3.1	5.0
ブラックアフリカ	0.6	1.8	6.0	4.4	5.1	1.7	3.4
その他	3.86	4.8	4.7	5.1	6.5	8.9	6.0
計	100.0	100.0	100.0	100.0	100.0	100.0	100.0

1990年国勢調査にもとづいて推計されている.

移民が、市周辺部の集合住宅(HLM)に住み、モノグラフ的調査を行ったM・トリバラらによると、全人口の四八％が、非フランスのエスニック・オリジンであった(Tribalat, 1999)。国別ではモロッコ、アルジェリア、トルコ、ポルトガル、ブラックアフリカ、チュニジア、パキスタン、スペイン等の名が並ぶ。市内の居住分布をみると、市内と周辺部がはっきりと別れ、ほとんど交流がなく、中心部、フランス人の比較的多い地区、移民の多いHLM地区に分けて、エスニック・オリジン別のパーセンテージを示すと、表4－1のようになる(*Ibid.*, 279)。

この町で「国民戦線」が進出し、全国的に、さらには国際的にさえ注目を浴びたのは一九八三年春のことである。それは、小都市にしては不釣り合いなほどに大量の移民が周辺部の団地に入居し、失業、荒廃、高比率の若者たち、小規模ながら起こる衝突などが、フランス人有権者に、ゼノフォビア感情(特に「反アラブ」)と秩序志向をもたらしたことによると思われる。筆者自身も八三年三月に現地でフランス市民の声を多少集めたが（宮島、二〇〇四b、一八〇）、周辺部の団地のことを、伝聞でなく、直接に知っている者はほとんどいなかった。レ・シャマールなどはいつの間にかマグレブ系、トルコ系を合わせると住民の実に三分の二を占めるようになっていた（フランス人の「脱出」もあろう）。二つの住民グループを架橋するコミュニティの不在は明らかである。

以上はとりあえず、具体的に展開される移民社会の異質・多様性の確認であるが、次にみるべきは、移民の社会的条件において今やEU市民でもある南欧四カ国出身移民が、就業その他で比較的フランス人市民と近い状態にあるのに対し、その他の移民はより周辺化された集団をなしている点である。このギャップ、格差を十分に認識せずに、移民一般の傾向を論じてすますならば、非対称な移民グループ間の不平等を看過してしまう結果となろう。

そして、右のドゥルー、リヨン郊外、リール、ラ・クールヌーヴなどこれまで調査の行われたコミュヌでいずれも、社会的・経済的にもっとも周辺化されているのがマグレブ系であることが指摘されている。だが、この現実がはたして実際的な、改善をめざす対応を喚び起こしているのだろうか。それが後続の章につながっていく問いである。

マグレブ、アフリカ系の高失業

失業率にしぼってみてみよう。二〇〇二年の時点で、フランス全体の失業率が八・九％であるのに対し、移民全体のそれは二倍に近い一六・四%に達する。時点が一九九九年とややずれるが(図4－1)、移民の出身国別にこれをみてみると、スペイン、イタリア、ポルトガルが六%であるのに対し、アルジェリア、モロッコ、トルコではなんと四倍以上の二五～二六%に跳ね上がっている(INSEE, 2005, 111)。若年層だけをとれば、この差がもっと開くものと思われる。

右とはちがうデータだが、二〇〇一年の国立統計経済研究所(INSEE)の雇用に関する調査では、一五～二四歳人口の失業率は、フランス人女性では二二%、同男性では一六%に対し、外国人女性で三四%、同男性二七%と大きな内部差が認められる。制度的に外国人に就労が開かれているもの、開かれていないもの、さらにEU域内出身外国人と第三国出身外国人とで労働ビザの不要・要の制度的な差別はある。右の数字にはカラクリがあって、フランス人のなかの非ヨーロッパ系の出自の者を取りだせば、もっと数字は跳ね上がり、右の外国人の数字と並ぶと思われる。図4－1は、その傍証となっている。

とすれば、マグレブ系、アフリカ系移民の多住都市では、どのような社会的状況が生まれるだろうか。四割にもおよぶだろう失業または不安定雇用の青少年たちは、貧しさ、不満のなかにあって、その一部は非行に走るかもしれない。その非行や虞犯への対応、および日頃の被差別感をめぐって、彼らと警察の間に衝突が生じやすい。

では、なぜマグレブ、ブラックアフリカ、トルコ系の高失業なのか。順序を追ってみていこう。

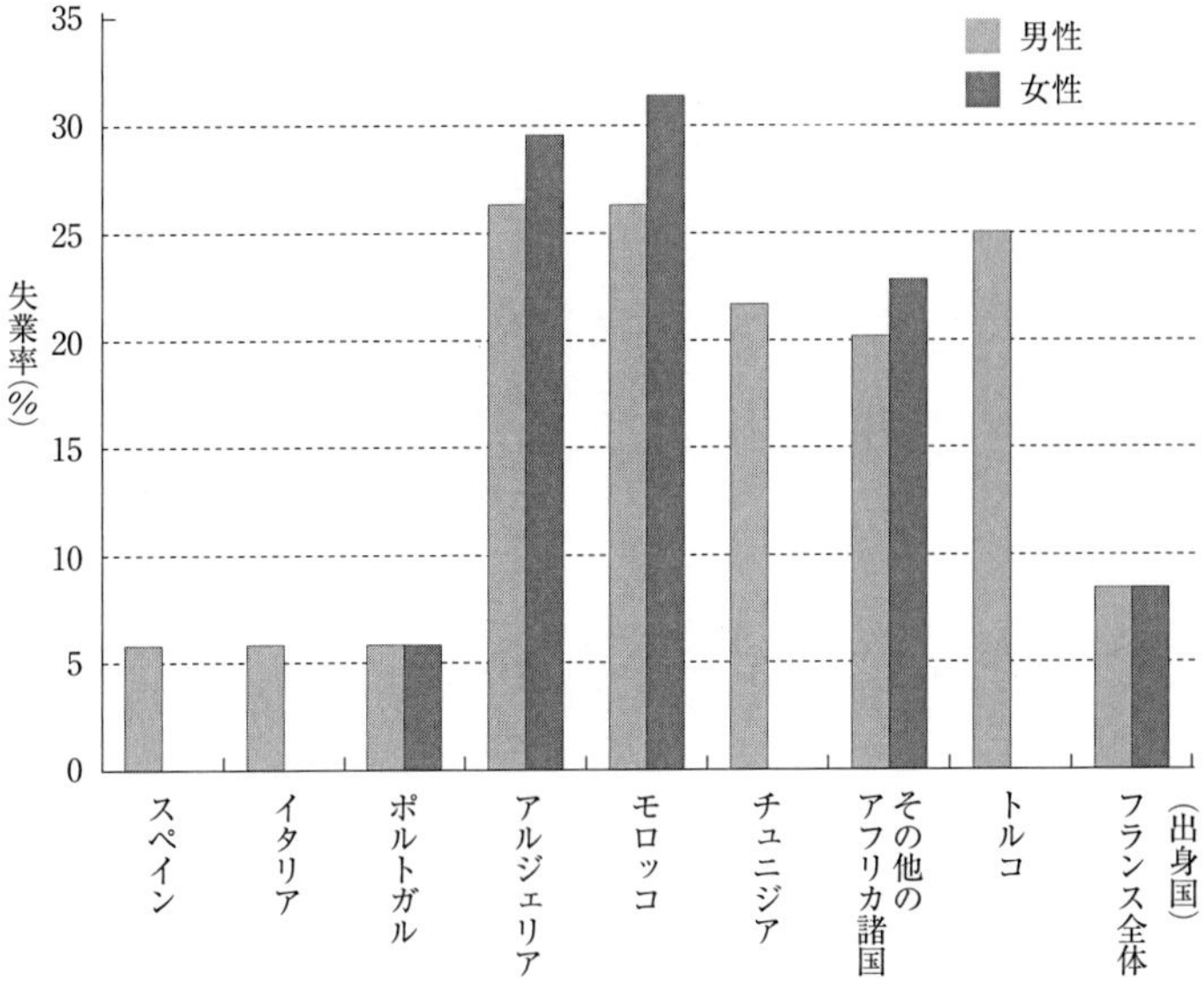

図4-1　出身国別の移民の失業率(1999年)

学業失敗、低ディプローム

どの社会でもそうであるが、移住者の第一世代(*primo-arrivant*)は、言語的不自由、母国での先行的社会化、主流社会との社会的距離(とりわけ底辺労働者であること)などのため、ホスト社会では周辺的位置に置かれ、それを自らの努力で変えていくことはほとんどできない。だから、当人たちもその位置を甘受する傾向がある。しかし、第二世代となると、教育、社会化は、ホスト社会内で経験し、親の地位からの離脱を望むようになり、おのずと主流社会への参入をめざすようになると期待される。たとえば「イタリア移民は、第二世代になるとフランス人に成りきる」といった適応の神話が語られたものである（イヴ・モンタン、ピエール・カルダンなどの「モデル」がよく言及された）。実際には、そうした議論は、文化資本の一朝一夕には解消されない不利や、周囲からのレッテル貼りを過小評価している。非ヨーロッパ系の移民の場合は、なさらである。

じじつ、第二世代における適応の成功は多分に神話であること、第二世代からむしろ社会統合上の問題が始まることを、フランスは経験する。

フランスの学校教育は表向き共和国の「普遍的な諸価値」の伝達と内面化（文化的統合）という役割を与えられながらも、他方でディプロームの付与という形で実質的には選別の機能を引き受けている。後者はしばしば移民子弟に厳しい結果をつきつける。

一般的統計をみると、移民の就学レベルはたしかに上昇し、バカロレア取得、高等教育進学を果たす者が珍しくなくなった。しかし出自別、ディプローム別に細かくデータをみると、「分極化」とでも呼ぶべき傾向が進んでいるように思われる。ＩＮＳＥＥが九九年の国勢調査を元にそうしたデータ（表４－２）を示してくれているので、注目しよう（INSEE, 2005, 95）。

なお、前章で紹介した最新のＩＮＳＥＥの二〇〇四～〇五年のデータでは、移民（三〇～四九歳）でバカロレア以上の修了ディプロームをもつ者は三八％程度に上昇していて、注目されるが（INSEE, 2006）、出身国別データなど、詳細は公表されていないので、その全体傾向の指摘だけにとどめたい。

対象者の年齢層がやや高いため母国での就学状況も反映されていて、移民の若者の現状から多少ずれを示すかもしれないが、いくつかの問題が明らかになっている。

表4-2　出身国別の30-49歳の移民の獲得ディプロームの水準(単位 %)

出身国	ディプロームなし, またはCEP	中等教育レベル諸ディプローム	バカロレア以上の修了証	総計
スペイン	31	43	26	100
イタリア	32	40	28	100
ポルトガル	59	31	10	100
アルジェリア	45	32	23	100
モロッコ	53	22	25	100
チュニジア	48	28	24	100
その他アフリカ諸国	34	24	42	100
トルコ	70	18	12	100
移民全体	41	27	33	100
フランス全体	22	41	37	100

出所)　INSEE, *Recensement de la population,* 1999より(一部再構成)
注)　課程の修了に伴って得られるディプロームには，一般的なものと，職業適性を証するものがあり，CEP(職業教育証書)は，職業熟練上はきわめて初歩的なものである．

まず、学業失敗者とでもいうべき「ディプロームなし」層は、トルコ、マグレブ三国、ポルトガルで目だって高い。トルコ系の数字は突出しているが、ポルトガル系がヨーロッパ系移民でありながら、特に学業達成レベルが低い。他方、「バカロレア以上」という高学歴者は、ポルトガル、トルコを除いて、いずれも二〇%以上となり、「その他アフリカ諸国」ではフランス全体の平均をも超えている。

というわけで、移民たちの教育状況は多様で、単純化できないのであるが、まず強調したいことは、学業失敗者の割合の高さである。マグレブ系はフランコフォン(フランス語圏出身者)に属するからフランス語には不自由しないといわれながら、約半分が低学歴・低職業資格に終わっている。親たちの教育経験が貧しく、フランス語の読み書きの文化(新聞、書籍など)がほとんど家庭内に取り込まれていない移民世帯は少なくない。九〇年代の調査では、フランコフォンに分類されるチュニジア人とモロッコ人の親たちでさえ「フランス語がほとんど、またはまったく話せない」と答える者が実に四五〜六〇%に達している(宮島、一九九七b)。中途で呼び寄せられた母親の言語困難が特にこの数字に反映している。このことは第二世代にも不利をおよぼさずにはいない。

こうしたデータを前にして、エスニシティ関連のタームやそれによる説明を嫌うフランス研究者がよく行う、「恵まれない階級」(classes défavorisées)による還元的説明は、安易すぎるのではなかろうか。出自による言語・文化資本、社会関係資本(家族のサポートも含め)の不利はやはり大きいとみなければならない。彼らへの学校側の対応によく指摘される問題点(進路指導で、マグレブ系、アフリカ系等の移民子弟には普通科リセではなく職業リセが適合しているとみるステレオタイプの認識が入り込む)も、過小評価してはならない。

第二に、トルコ系の学業挫折は、フランス語のハンディキャップの非常な大きさと孤立、それに親の学校制度理解の不十分さなどから説明されるだろう。

ちなみに、移民の子どもは文化的にはかなり区々に分かれる。彼らのマジョリティはたしかにフランコフォンであるが、このトルコ系やパキスタン系はそうではなく、母語にもさまざまな分化がみられるのが実際である。たとえば、二〇〇一〜〇二年度に南仏のモンペリエ市の「受入れ学級」に迎えられた、入国後間もない一一〜一六歳の移民少年四一五名について行われた調査では、マグレブ系が八二%を占めたが、かれ・彼女らの間でさえ、その母語は、ベルベル語五四%、アラブ語四六%とほぼ二分されていた(FASILD, 2004, 37)。これらのことは、相応の注意が払われるべきだろう。また、当然それらを確認するのに経験的なデータが必要である。

いま一つ重要な問題が引きだされる。ポルトガル系の学業成績は振るわないようで、ディプロームも他のヨーロッパ系より目立って低い。ポルトガル移民家庭が一般に子どもに進学よりも早期就労を望むという傾向は指摘されていて(宮島、一九九九、一九八八、二〇〇七)、その理由については独自の考察を必要とするが、ここでは触れない。このポルトガル系とアフリカ系の数字の比較からは、差別的なフランスの労働市場の機能の仕方がはからずも浮き彫りにされている。前者の失業率は六%にすぎず、より学歴水準、取得ディプロームも高いマグレブ・アフリカ系にあって失業率は二〇%以上と、跳ね上がっているからである。

単純な比較は避けなければならない。ポルトガル系の者たちが——たとえ第二世代であっても——そのディプロームに見合う低熟練の職種に就いていくということはよく語られるから、失業率六%の意味は、イタリア系、スペイン系のそれと同じではないかもしれない。それでも、ヨーロッパ系なるがゆえに低ディプロームでも雇用の道が開け、マグレブ・アフリカ系よりは雇用にめぐまれるという構図があるのではないか。数字は、後者が雇用市場で不利な扱いを受ける事実にはレイシズムの契機がひそんでいることの傍証であろう。特にマグレブ系に重くそれがのしかかっていることは、移民の雇用問題に精通する社会学者P・バタイユが力説している。リール市郊外のかれの観察の場でだが、アルジェリア系やモロッコ系の子どもは、同じ社会階層のフランス人の同級生よりもはるかに高い成績を収めているのに、雇用現場でみてみると、より不安定な職にしか就いていない、と(Batail, 1997, 108–111)。

このようにみてくると、移民の社会統合の危機とは、非ヨーロッパ系移民たち、それもさらに特定されたエスニック基準でみまわれている排除にあることが推定される。

第二世代の失業

若い年齢層に焦点を当てたデータというと、少し古くなるが、表4－3が参考にできる(FASILD, 2003, 32)。

ポルトガル人、スペイン人の就業の率は、フランスの平均よりも高いくらいである。反面、就学の率は低く、彼らの特徴は、表4－2と照合すると、比較的低いディプロームを取得し、早期に就職するという点にあるのではなかろうか。失業率こそ低いが、低熟練労働者としての地位再生産の可能性も予想させる。アルジェリア人の「就業」は明らかに低率であり、反面「失業中」は群を抜いて高い。「就学」が三グループのなかでもっとも高いのは、就業困難の結果としての消極的選択とみられないこともないが、雇用差別を受けやすいマイノリティ集団の特徴としての意識的な高学歴志向が若干は含まれているかもしれない。

表4-3　フランス生まれ20-29歳年齢層の職業状況(単位 %)

	就 業	失業中	就 学	その他	計
移民子弟	54.7	21.9	15.0	8.5	100.0
内アルジェリア	45.1	28.2	17.4	9.3	100.0
ポルトガル	60.4	16.1	15.2	8.4	100.0
スペイン	63.1	18.0	11.5	7.4	100.0

注）調査はINED-INSEEによる「地理的移動と社会編入」調査(1992年).「アルジェリア」「ポルトガル」等は，父の出生地を示す.

なお、その上で、二つのことを付け加えておきたい。

移民の第二世代は、その出身階層、文化環境ともに恵まれない位置にあり、依然として文化的ハンディキャップを負う者が多いが、意識や仕事観では、第一世代とは異なっている。それは社会化の所産、同世代フランス人との価値共有の結果とみるべきだが、マジョリティのフランス人のきらう低熟練の労働を引き受けるという態度は希薄になっている。親たちが黙々と引き受けてきたOS的労働、建設労働、下級サービス労働(道路清掃など)に就くつもりはあまりない。また親もそれを望まない。労働はもはや単なるパンを稼ぐ手段ではなく、社会的地位の表示物とみられているからである。

この「仕事を選ぶ」という態度が、第二世代の失業増加の因となっていると強調する議論もある。当たっていなくはないが、それをことさら強調するのは、不可逆の変化(彼らもフランス青年なのだ!)に目を閉じることである。とはいっても、彼らが経験させられるのはもう少し複雑な事態である。若者たちは、親にくらべればフランスで教育も受け、はるかに知識もあり、より高熟練の仕事に就けるものと思っている。だが、やがて公共職業紹介所に登録に行って、自分の知識、ディプロームが十分に評価されないことを知る。「資格がない」「経験がない」と言われて、厳しさを知るのだ（ジョリヴェ、二〇〇三、六九）。親たちも、わが子の学校選択、目指すべきディプロームについてよくわからず、フランス人家庭のような助言を与えていない。しかし、たとえそうだとしても、これはヨーロッパ系移民第二世代とマグレブ系移民のそれとの失業率の法外な差を説明してくれるものではない。

いま一つ、性別にも目を向けなければならない。男性が右のような態度で仕事に臨むのに対し、女性はやや別様の意味で仕事をとらえているといわれる。それは、前の章でも述べたが、仕事をもち、たとえ不十分な収入であれ、経済的に自立することで、親・家族から自由を得たいという願望があるからだ。マグレブ系、アフリカ系いずれにあっても、家内にあって男性に従属するという女性の位置があり、ここから脱するには、学校で努力してディプロームを得、すすんでフランス国籍を取得し（先のアイシャのように）、職に就いて自立するほかはないと彼女たちは考える。またそれは、フランスの学校が彼女たちに教える男女平等の所産でもある。周囲の自立したフランス人女性も、彼女らの準拠集団となる。移民第二世代では、女性が男性よりも学校志向的であることも、ここから説明される。しかし、それでも女性の失業率は一般の男性よりも高い。

いっぽう、企業、雇用主の側の移民の若者への評価では、本音と建前の乖離が目につく。ドゥルー市でのインタビューはこの点をとらえているように思われる。企業関係者は、マグレブ系の子弟のディプロームのレベルの低さは問題であり、日々進歩していく「産業世界に同化するには、彼らのレベルはあまりにも低すぎる」と語る。それゆえ、求人の際に彼らに提供される雇用は魅力のないものとならざるをえない、と。しかし同時に、自分たちは慈善家ではないのだからと、企業に面倒を引き起こすような、十分に社会化されていない者たちの採用に難色を示すのである(Tribalat, 1999, 154–155)。前者も理由としては重みをもっているのだろうが、彼らの行動様式や文化が異質であり、受け入れがたいとする点に本音があるように感じられる。

いま、移民の失業青年の多くが起居するのは大都市郊外のシテである。前章でも触れたが、郊外のシテは少年たちの社会化にも職探しにも、よい環境とはいえない。脱工業化が進み、製造業が後退するなか、郊外に多かった工場も閉鎖されていく。かつて移民労働者たちを迎えてくれて、彼らの社会化に力を貸してくれた労働組合や政党も、影響力を減じてしまった。安定した雇用に就けなければ、なおさらそうした社会関係をもてない。失業と社会的孤立のまさに悪循環なのだ。不安定な就労をし、あとは所得補償の手当等に依存して暮らす者が多く、社会参加のチャンネルは非常にとぼしいものになっている。

以上に関係して興味ぶかい発言があった。九九年二月、当時の社会党ジョスパン内閣で内相を務めていたジャン＝ピエール・シュヴェーヌマンが、全国の県知事を前にした会議の席でこう訴えている。「クォータ制をいうわけではないが、警察官の採用を多様化し、その職に移民出身の若者をどうか受け入れてほしい。そうした行動の難しさを皆さんは私に語るかもしれない。しかし、理解していただきたい、警察が有効に機能するには、それが人口の状態を代表していること、とりわけ課題集中地区の若者たちを代表していることが大いに必要である、ということを」(Calvès, 1999, 69)。

シュヴェーヌマンが政治家のなかでも典型的な共和国的統合のイデオローグとみられていただけに、この言葉は意外の感をもいだかせるが、同時に注目もされた。その背景には青少年たちの非行や、差別にたいする不満の爆発が、HLMの立ち並ぶパリ、リヨンなどの大都市郊外地区でしばしば起こり、問題化している事実がある。マグレブ・中東系、ブラックアフリカ系、インドシナ系の若者の多くがすでに「フランス人」である以上、そのなかから出自を斟酌しながら若き警察官を採用すれば、雇用提供、融和、さらにはその活動において効果があるはずだというわけである。知事たちは、警察をその指揮下におき、地域の発展や治安確保の措置を日常的に講じなければならない立場にある。

ディプロームは獲得したが

では、高等教育またはそれに準じる教育を受け、高いレベルのディプロームを取得した移民子弟の場合にはどうか。先のデータからみても、バカロレア以上の資格取得者では、マグレブ系はヨーロッパ系移民とほとんど肩を並べ、ブラックアフリカ系はヨーロッパ系を凌駕してさえいる。これこそ出自による差別などあってはならない世界のはずである。しかし、そこでも、「ヴィジブル・マイノリティ」ゆえの困難がないわけではない。そのかれ・彼女らのこうむる雇用上の差別は「合理的に」根拠づけにくいものがあり、したがってレイシズムによる差別がかえってはっきり現れるともいえる。

表4－4は、ＦＡＳＩＬＤ（統合及び反差別のための行動・支援基金）の手で二〇〇二年に行われた、マルセイユ市とその近辺でのマグレブ系の高ディプローム取得青年へのインタビューの結果である。二四事例のインタビューのうち、「一九九八年以来、少なくとも一度は、雇用差別を受けたと感じましたか」という設問に「ウィ」と答えた者一一名のデータである（FASILD, 2005, 233）。なお、「ノン」は六名で、他は明確な答えを避けている。

ＦＡＳＩＬＤは、二〇〇一年にＦＡＳ（社会行動基金）が名称を変えたもので、公施設（日本でいう独立行政法人に近い）として財政は国家予算でまかなわれている（国会の議決による）。その前身は、一九五八年、フランス本土で就労するアルジェリアのムスリム労働者とその家族の支援のために設立されている。その後、一九六六年に、来仏するすべての外国人労働者の支援へと活動が拡大され、移民の教育、職業研修などの援助を行ってきた。二〇〇一年以降、「反差別」という目標を鮮明にし、支援対象を移民出身の広範囲の人々に広げた。このＦＡＳＩＬＤの下で近年、雇用に関する差別やレイシズムに関する調査が行われていることも注目される。このような性格の基金が、公施設として運営されているのは、フランスらしい点である（ADRI, 2002, 24–26）。

一一名の国籍には特に触れられていないが、ほとんどがフランス国籍保有者と推定される。かれ・彼女らの父親はすべて――少なくとも来仏後は――労働者であり、その家庭環境は「移民労働者」としてのそれである。にもかかわらず、かれ・彼女らが自らを鼓舞し、高いディプロームの獲得を目指したことは、フランスの教育世界にそうした動機づけをうながす、平等主義的な風土がいちおうは存在していることを物語る。しかし、ディプロームを得、職に就こうという段階で様相は変わる。

アヌアール〔モロッコ系〕は、「募集側は、ディプロームだけではなく、もっと別の基準を考慮に入れている」とみる。氏名、肌の色、居住地などがそうだという。かれだけでなく、多くの者が、その被差別経験のなかで、「氏名」について語っている。ヨーロッパ系の氏名でないとチェックされ、「アラブ系」の名には特に敏感であるという。

助産師のムーナは医師を志し、バカロレア取得後、大学医学部へのチャレンジを考えたが、移民労働者の家庭であり、医師になるには勉学・修行期間が長いため、けっきょく諦めて専門学校に進む。「勉強を続けるのにお金が要るので、何回もマクド〔ファーストフード店の総称〕に履歴書を送った。でも一度も採用されなかった。クリニックでバカンス中の代行労働をしたいと思ったが、同じことだった〔代行労働〔アンテリム〕とは、前任者がバカンスや有期の出向などで一時的にポストを離れた場合にこれを埋めるもので、期間の限られた臨時労働である〕。人に紹介してもらってなんとか使ってもらったことはあるが。資格を取ってからは、まず履歴書を先方に送るというやり方はやめて、直接電話することにした。そうすれば採用してくれる」(FASILD, 2005, 262)。電話で直接に話す。それは、自分の能力や、人柄の誠実さをアピールし、姓名や住所だけで差別されるのを防ぐためであろう。

モロッコ系のバイヤは、上級建築士の資格をもっているにもかかわらず、恵まれていない。学校での勉学の過程で、何人かの教師の移民に対する態度に反感を覚えていたという。学業を終えるや、これはと思う所に電話をかけまくるなど、非常にエネルギッシュに求職を行ったが、あからさまに民族

表4-4　インタビュー対象者

対象者（年齢）性別	現職	ディプローム	入職経路	差別の経験
ファリド　(32) M	情報処理技術者等を経て失業中	経済社会管理学士	縁故	氏名による
ブアレム　(28) M	情報処理技術者	情報処理技術者資格	学校と情報処理協会ネットによる	氏名による
ラビブ　(27) M	電機の配線等	エレクトロニクス上級技術者免状	臨時代行	氏名，肌の色による
バイヤ　(27) F	大学施設管理部研究補助者	上級建築士免状	臨時代行，求人広告に応募	肌の色による
レイラ　(29) F	若年雇用制度が終了，国鉄か仏電力に応募予定	管理補助上級技術者免状	補助金による雇用に応募	氏名，民族，性による
ザヒア　(27) F	地域公共団体調査員	老年学・生物学修士号	若年雇用制度と競争試験	氏名と居住地による
ウーリア　(25) F	病院内清掃業務	流通情報バカロレア	縁故	氏名，肌の色，居住地
ムーナ　(29) F	病院の助産師	助産師資格	応募(電話で)	氏名による
ネディマ　(29) F	「半端仕事」，栄養学上級技術者免状の準備中	生物学の二種の修士号	応募したが不採用	氏名による
アヌアール　(27) M	石油化学現場技術員	材料工学修士号	応募では不採用，「コンピューター 2000年問題」で職を得る	肌の色，居住地，氏名
ハッセン　(28) M	オランにビール輸出入会社を起す	化学職業バカロレア	臨時代行	氏名，民族による

的理由と、女性という理由によって拒否され、不首尾に終わり、最初に就いた仕事は代行労働にすぎなかった。

ザヒア（アルジェリア・カビール系）は、労働者である父親が病いに倒れなければ博士号までとるつもりだったというから、非常に意欲的な学生だったようだが、職探しにはさんざん苦労し、資格、能力を生かせそうなカードルとしての職は断られ、公共職業紹介所（ＡＭＰＥ）の薦めてくれた若年雇用制度（国家予算で若年者に公共施設等でのパート雇用を提供するもので、九〇年代の社会党政権下に始まる）でやっと働き口をえた。まちがいなくフランス国籍保有者であるが、職探しの過程で、他の若者との違いとして感じたのは、「マグレブ系であること」と、「住んでいる街区」によってチェックされ、差別されることだった（*Ibid.*, 251－254）。彼女が親とともに年来住んでいるのは、マルセイユ市の北部地区《カルティエ・ノール》であり、これは市内外で知らぬ人とてない有名な移民多住地区である。

ハッセンは、諦め組である。インタビューを受けた時にはもう別の世界に転進していた。独立後のアルジェリアのオラン市生まれ、六歳のとき来仏したが、親がフランス生まれであるため（一九六二年までアルジェリアはフランスの一部だった）、フランス国籍ももっている。マルセイユの北部地区に育つ。学業を終え、ディプロームがあるから石油化学関係の職にすぐ就けると思っていたら、一年間待たされ、就けたのはペシネーでの代行労働に過ぎなかった。明らかな差別とは言えないが、企業側の好みが自分たちよりはフランス人にあるということが分かった、と語る。フランス企業には見切りをつけ、しばらく前にオランに戻り、アルジェリア人仲間と会社を起こしている。

かれ・彼女らの態度は、一言でいえばアンビヴァレントである。ディプロームを得たことが無意味だったと言う者はいない。また、フランスはレイシズムの国だと断定的に語る者はいないし、フランス国籍は形ばかりで無意味だ、という者もいない。しかし、自分を雇い主が評価するのに、属性だけからみて判断する傾向がいかに強いかをそれぞれに経験させられている。その口ぶりから推すと、自分たちの資格、能力を正面から評価してくれないことへの失望が、やはりかれ・彼女らを支配しているようである。

以上のような技術者的職業人とはややちがうが、マグレブ系で、学校的成功を収め、専門職に就き、やがて地方議員、団体指導者、地域の運動リーダーなどになっていく者たちも出現する。彼らの場合はどうか。これら小エリートのマグレブ系も、たぶん個々には差別を経験しているのだろうが、全体としては共和国支持の中間層になっていくようである(Geisser, 1997)。彼らは、底辺の失業青年たちとは異世界の人々なのか、それとも連帯の可能性があるのか、それはまだよくわからない。

次なる問いかけ

現状が以上のごとくであるとすれば、文化にまで根ざしたエスノセントリズムの問題でもあり、簡単ではないが、少しでも可能性の方向に引きもどせば、「フランス的平等」の観念の問い直しに始まる、一連の施策の再検討が行われるべきであろう。出身の文化環境からくる不利がある。肌の色や姓名という属性による差別も行われている。とすれば、属性を除き去った抽象的な個人に即して考えられる平等を唱えるだけでよいか。具体的な集団を対象とする働きかけや施策を禁じる普遍主義、そして「優遇」や「特別措置」のような差異的な対応をきらう「法の下での平等」主義、などがそれだけでよいのかが問い直されなければならない。

もちろん変化への抵抗も大きく、フランス的伝統にもとづく平等の正当性の維持という見地からの反撃も、保守政治や司法の側からは起こっている。

一方、海を越えたアングロ＝サクソン世界で行われてきた平等の再定義の試みと諸施策に目をつぶっているにしては、時代はあまりにもグローバルである。「共和国」派政治家シュヴェーヌマンもこれを意識に置いていた。

そこで、次なる問いとして、さまざまな要素が競合しながら行われてきている議論と対応、なかでもポジティヴ・アクションに向けての議論をみてみよう。

第5章　平等の再定義へ
——エガリテとエキテ

「エクイティ」の意味するもの

言葉のうえでは同じく「平等」に近い響きをもち、その語根も共有しながらも、equality, égalitéとは区別される（ときには正反対とさえみえる）理念が登場していることに気づく。それは「公正」「衡平」と訳されることの多い「エクイティ equity」（フランス語では「エキテ équité」）の概念である。

単純化の危険を恐れずにいえば、エクイティとは、形式面でとらえられた平等、すなわちエガリテに対し、実質的平等を志向する観念といってよい。普通の名詞としても使われることもあるが、特にイギリス法ではこれに重要な意味と位置が与えられてきた。イギリス法の中では、コモン・ローに対するエクイティ（衡平法）という形で発展してきたものがそれである。すなわち、判例法の蓄積されてきた慣習法体系であるコモン・ローを実施する場合に、その形式性、すなわち厳格で融通性がないことによる欠陥を、具体的な事案に即して補い、矯正するために生まれた実際的な法の考え方がそれである。両者の関係は、「厳格法とその緩和の法の発展史」によって説明することも可能であるとされる（佐々木、一九七四、上、一二七）。

「エクイティ」の理念それ自体は、アリストテレースの定式化した「エピエイケイア」（雅量、寛大）に遡る歴史をもつ。むろん、フランス語にも「エキテ」の語のかなりの用例があって、それは、「正－不正の感情にもとづいて行為を規制する力」といった意味で用いられ、かのヴィクトル・ユゴーは、「道徳世界はエキテにもとづく」と書いている（『プティ・ロベール』）。つまりは、量的に等しいこと、均一であること、という含意（エガリテのそれ）ではなく、正義にかなっているか、公正であるか、といったむしろ倫理的考量の次元を含んだ言葉なのである。なお、英語では、fairnessという言葉も、これと同義で使われている。ここでは英米法的な意味でのエクイティには立ち入らないが、そうした実際的な法思考の伝統があることが、二〇世紀後半のアングロ＝サクソン諸国でのポジティヴ・アクションの実施などと無関係ではないと思われる。

そして福祉国家化が進む現代では、あらためてエクイティの再定式化が求められるようになっている。アメリカの法哲学者ジョン・ロールズが、「正義」（justice）、「公正」（fairness）の問題としてこれを展開したことは知られている。かれにやや先行しては、フリードリヒ・フォン・ハイエクやミルトン・フリードマンのようなラディカルな自由主義論者がおり、平等の強調は、個人の選択や決定の自由を否定し、自由な人間社会を破壊し去るものである、と論じていた。これが八〇年代のレーガン主義やサッチャー主義への理論的支柱を提供していったのに対し、ロールズの理論化の営みは、それらに対抗する重要な意味をもった。

　そのロールズの主張のある側面にわれわれは関心をもつのであるが、それはほぼ次のように要約できよう。「偶然」によって恵まれた社会的位置に産み落とされた人々の人生の可能性は、能力、才能、または社会経済的条件ゆえに有利となってくるであろうが、これらを一つの社会の共同の資産とみなし、彼らとは異なって不利な条件の下にある人々のために利用されうると考えるべきである。したがって、後者の不利を埋め合わせるためには、格差づけによるその共同資産の再配分が正当化されうるものと考えることができ、それが衡平、公正の観念である（ロールズ、一九七九など）。

　示唆的なことに、この正義論の著者は、フランス革命時の有名な三つの標語、「自由」「平等」「友愛（博愛）」のうち、従来民主主義理論において明確な位置を与えられてこず、その社会的インプリケーションもほとんど引き出されることのなかった「友愛」（fraternité）に光をあて、右に言う格差原理（difference principle）と対応させている。「格差原理は、博愛（友愛）の自然な意味、すなわち、それほど生活状態のよくない他の人々の利益になるのでなければより多くの利益をもつことを望まない、という考え方に対応している」（同、一七九）。そして、かれの整理によれば、右の三標語のうちの「平等」は、格差づけの原理にではなく、「機会の平等」へと対応づけられるのである。

　じっさい、「友愛」は今日、ほとんど言及されない理念だが、たとえば現実の民族差別是正をめぐる論争に影を落としてはいないだろうか。

アファーマティヴ・アクション、とりわけ人種・民族クォータにかかわるアメリカでの係争をとりあげてみよう。J・ストーンは次のような側面に注目している。

たとえば、カリフォルニア大学デイヴィス校医学部に不合格になり、同大学の設けたマイノリティ枠によって自分より成績の劣る者が合格し、不当な差別を受けた、と訴えた白人男性アラン・バッキの訴訟を思い起こしたい。原告側はつねに「平等」という権利、同一の基準にもとづく処遇を受ける権利をかかげて、「不当な(逆)差別がなされた」と訴える。それに対し、この件ではデイヴィス校の措置を擁護した一九七八年の米連邦最高裁判所の五対四の僅差での多数意見はどうだったか。「平等」という原理を決定的なものとしてはもち出さず、むしろより広い「正義」「抑圧的でない社会」「人種を意識しない社会」といった言葉を、キーワード的に用いていたことにあらためて気づくのである(ストーン、一九八九、二〇八)。

すでに触れたように、フランスでも伝統的に「形式的平等」と「実質的平等」とを対置し、いかにして後者への移行を実現するかという議論は行われてきた。第2章でも確認しているが、「フランスは……社会的共和国である」(憲法第一条、傍点宮島)と宣言されるとき、その「社会的」共和国の意味するもののなかに、資産、所得、地位、エタ・シヴィル、年齢、障害の有無、等々に応じた市民の差異的な処遇、相応した法的扱いが含意されていることは、明らかである。また、エガリテとエキテとを対立的に語ることに反対し、エキテの意義を位置付けようと努めるフランス人の移民研究者も現れている。そのM・ヴィーヴィオルカの言葉を引用しよう。

「エガリテとエキテを対立させる議論はこの両者を同レベルに置き、同じオーダーのものとして二つの価値のいずれかを選択させようとする点で、間違って立てられている。そうではなく、エガリテは目的、達成すべき地平であり、エキテは一手段だということが了解されねばならない。とすれば、両者を同じ過程のなかで結びつけることが可能であり、望ましいということになる。まさにそれが、社会的次元で多文化主義政策を提起したいとする企てである。ただし、十分周到に考慮され、準備されるということが条件である。エキテがエガリテに貢献するとき、個々人の有利さが一集団(または一領域)に譲り与えられ、その成員たちが他の人々と同じ成功や社会的上昇のチャンスを用いることができるとき、……民主主義をより豊かにし、集合的連帯を強固にする一要因がそこにある、ということになる」(Wieviorka, 2001, 93)

アングロ＝サクソン理論との対比

しかし、エガリテとエキテをこのように目的－手段の関係に位置づけ、相補的ととらえることは、予定調和論的な議論ではないかどうか。移民マイノリティの実際の処遇にエクイティの観念が具体化され適用されるのをみるとき、フランス的な「平等」哲学とは、かなり次元がちがうという印象ももたれる。フランスの法曹家のＡ・ガラポンはこの点をうまく表現している。「法律は、フランスでは、なにかしら超越的なものなのだ。それに対し、コモン・ローの国では、法は、むしろゲームのルールに似たものだ。……ゲームのルールは忠実さ、つまり規則は互いをしばる点を強調し、法律は正しさを、つまり、司法(正義)の哲学的次元を強調する」(二〇〇〇、四七)。

アングロ＝サクソン系のこの実際的な考え方は、よく多文化主義の理念と結びつけて展開される。それを代表する移民マイノリティ研究者のS・カッスルズの主張を聞こう(Castles, 1994)。

かれは、「多文化主義」を標榜するオーストラリアの論議を踏まえながら、「エクイティとは、形式的平等と実際の相違との緊張を、不利な集団の意思決定への参加を確保するメカニズムを通じて、またバリアーを壊し、さまざまな要求、欲求をみたす特別な政策を通して、解消していくことを意味する」としている。それゆえフランスなどヨーロッパの市民権論議はあまりに形式的でありすぎ、実質的市民権に十分議論がフォーカスされていない、ともいう。この市民権は、「多文化市民権」(multi-cultural citizenship)という語にも置き換えられよう。その基本は、マジョリティ、移民、先住民、女性、同性愛者、障害者などにフル・シティズンシップを認めるという原則を出発点に、全員を個人としては平等とみながら、同時に集団間の相違を承認すること、つまり「特定の属性と社会的位置をもった集団の成員として、異なった要求、ニードをもった者とみなすこと」にあるという(*Ibid.*, 15)。

ちなみに、イギリスやアメリカの影響を受ける、またはアングロ＝サクソン社会として思想共有のあるオーストラリアでは、不利な者への優遇措置は実際的観点から当然視されていた。たとえばシドニーなど大都市のインナーシティでは、南欧系やアジア系の所得の低い移民家族が多いわけであるが、そこでは伝統的に学校で〝インナーシティ・カリキュラム〟と呼ばれるものが実施されてきた。たとえば、「読み書き能力等に欠ける者を引き上げるための改善カリキュラム」「低所得背景〔エスニック・マイノリティの婉曲な言い方〕の子どものための予備教育教員の養成」など(Turney et al., 1978, 68ff.)。

その上で、エクイティは、市民権のあり方に対し、次のような原則を提起するものであるとしている(Castles, 16)。

㈠シティズンシップの平等をその出発点に置く。法の下での全成員の平等であり、正規の市民になっていない者(最近の移住者)に対しても、可能なかぎり権利をあたえる。

㈡形式的な権利の平等が必ずしも尊厳、資源、機会、福祉の平等をみちびくものではないことを認めること。

㈢集団を代表させ、参加させるための仕組みを確立すること。

㈣異なる特性、要求、欲求をもった人々については、差異的待遇を行うこと。

以上の四点を仮に、エクイティの論理的かつ政策的な帰結であるとするなら、フランスではこれらはどう受け止められるだろうか。

㈠は、おそらくフランスで強調される「法の下での平等」の観念とほとんど重なるといえよう。しかし、雇用、社会保障、政治参加などの分野での、他者と差異的扱いを受けない権利がそれであるとすると、フランスは政治参加の権利は正規の市民にしか開いていない。㈡については、認識の上では経験的に実態を知ろうとするフランスの研究者、政策担当者におおむね共有されてきているといえる。

しかし、右の㈢㈣についていえば、フランスの政策担当者、識者、研究者らの認識との間にギャップがあろう。㈢は、このような集団の承認が、フランス人のいう「コミュノタリスム」、つまり民族コミュニティの排他的な文化・アイデンティティの承認要求や、その利益集団化につながらないかどうか、と懸念する声は大きい(たとえばLochak, 2005, 88)。㈣については、文化的異質性に対する配慮という意味にとるとき、フランスではおそらくまだ留保的態度が少なくないと思われる。

また、右のような認識から、移民マイノリティ処遇のアングロ＝サクソン・モデル、すなわち多文化容認とポジティヴ・アクションの組み合わせモデルへの移行が可能となるだろうか。フランスでは簡単にそうはいかないとすれば、フランス的文脈でさらに論議されなければならないことは、何なのだろうか。

「積極的差別」にみるフランス的論理

以上に答えるには、フランスの現実に立ちもどる必要がある。一方で、移民の第二世代への交替、その国籍取得等が大幅に進んでも、彼らの社会的地位の周辺性は必ずしも解消されていないことが認識され、有効な統合、参加促進の施策の必要が認識され、他方では、「フランス的平等」の観念を、移民たちの非対称な実態(たとえばマグレブ系の高失業率、トルコ系の言語的ハンディと高落第率など)に対応させて修正し、再定義するという必要が感じられるようになっている。八〇年代から九〇年代初めまでの社会党主導の政権の下では、アングロ＝サクソンの施策の動向もいちおう踏まえたうえでの議論の成熟が進み、教育優先地域（ＺＥＰ）のように新たな施策化も進む。だが、二つの論点は残りつづけているように思われる。

その第一は、「コミュノタリスム」への強い抵抗感と移民たちへの施策を、どのように調和させるかである。じっさい、第2章の記述をくりかえすが、事実上移民マイノリティの存在を認め、その地位向上を目的に掲げる高等統合審議会（ＨＣＩ）も、公式ステートメントとしては次のように述べている。「フランス的統合モデルは、平等の原理に立脚するので、民族的マイノリティに特別な地位を付与するような「マイノリティの論理」とは相容れない。……マイノリティのコミュニティの承認は、解決にならない。……したがって、コミュニティを硬直させ、隔離するような集合的権利によって構成された諸コミュニティを承認しないことが肝要である。さもないと、セグリゲーション〔分離〕という深刻なリスクが生じるだろう」(HCI, 1993, 8–9)。

もっとも、原則と個々のケースの間には、一義的には判断がくだされないあいまいな範囲というものがある。宗教や民族的慣行にもとづく要求が、私生活の領域をこえて公的生活になんらかの影響をおよぼす場合でも、機械的に拒否されるものではない。たとえば軍隊、病院、学校のような場で、人々が宗教的儀礼に関連して一定の食物を摂ることができず、代替の食物を必要とするとき、それはたいてい認められる。また、公務員が、自分の属する宗教宗派の祭礼に参加するために休暇をとることは、当人の申請があれば、許可されることになっている（一九七六年大臣通達）。コンセイユ・デタもまた、こうした要求を「平等の原則」の名において認めている(Conseil d'Etat, 1998, 77)。ただし、それが、何らかの団体やカテゴリーの名によってではなく、関係する個人によって個々に申請されることが、認められる要件である。

いっぽう、「コミュノタリスムにつながらないか」という批判を受けながらも、自治体内の移民たちと有意味な関係を取り結ぶために、行政がグループ単位で接触をもとうとすることもあった。たとえば、第3章でも触れたが、マルセイユ市のロベール・ヴィグルー市長(八九~九五年)の下で設けられた一種の諮問機関「マルセイユ・エスペランス」は著名な例といえる。カトリック、プロテスタント、ムスリム、ユダヤ教徒、アルメニア教徒など、市内の民族・宗教グループを認知し、補助金を与え、その代表者たちを(公式の手続きを経てではないが)そこに集めたものである。この施策によって、同市政が、移民たちに多様なアイデンティティ表出の機会を提供し、同時に「マルセイユっ子」意識を彼らのなかに培ったともみられるのである(宮島、二〇〇四b、一四六~一四七)。

まさに以上と関係するのであるが、いま一つの論点に、従来の「フランス的統合」を超えるのに、どこまで移民たちのアイデンティティを、その多様性を容れうるのかという問題があろう。この点で、再び、高等統合審議会の言葉を参照してみると、「多文化」や「相違」を警戒し、移民は選択した国民共同体の価値に無関心であってはならない、とする(HCI, 1992, 33)。

アングロ＝サクソン世界における移民の社会学では、「アイデンティティ」については、たいてい、移民は出身社会との精神的・文化的繋がりを断っては生きていけないもので、ホスト社会の価値への同一化は複雑な漸進的なプロセスでしかないことが強調されている。それにくらべて、フランスの議論は、アイデンティティについて語るのを暗に避けるか、出身社会との文化的繋がりを当然視するような見方にくみせず、むしろそれに対して警戒的でさえある。イギリス社会では、たとえばパキスタン系ムスリムの児童生徒の多い学校では、親の求めに応じウルドゥー語の教育が行われる。また、放課後にイマーム(宗教指導者)が学校を訪れ、希望者にコーランを教えることもありえないことではない。

休日のマグレブ移民たち(パリ・モンマルトル近く)

しかし、フランスでは、たとえばマグレブ系の児童生徒の多い学校(前記のラ・クルヌーヴの中学校のような)でも、選択にせよアラビア語の授業が設けられる可能性はほとんどない。なお母語教育は、ELCOという二国間文化協力の形で行われているが、学校のカリキュラムの埒外である。まして、コーランの授業が公立学校の場を借りるということは、とうてい考えられない。

それに変化の兆しがみえるだろうか。筆者の感想では、「ウィ」でもあり、「ノン」でもあって、少なくとも、移民の研究や調査に携わる人々に限るならば、ジャコビニスム批判はもはやタブーではなくなり、エスニシティ関連のコンセプトの使用はかなり抵抗のないものになっている。ただ、アイデンティティの「多様性」、それ自体を肯定的にとらえ、権利と結びつけることや、公的生活領域における非宗教性の原則を緩和することには、依然として抵抗は大きい。

なにが課題か

ZEPが施行され、その後九〇年代においては、直接移民への施策といえるものではないが、「ジヨクス法」(六四頁参照)やパリテ法の制定、「地域言語・マイノリティ言語欧州憲章」批准、などをめぐって、事実上マイノリティの存在を認知するか、特別措置を容認するか、が論議の対象となってきたといってよい。それらでは、「コルシカ人民」「女性」「(民族)マイノリティ」など、普遍主義に抵触するとして退けられてきた「人」の集団ないしカテゴリーが暗に取り上げられ、施策の対象とされている。

そこには、「反差別」そしてマイノリティの実際の地位向上というフランスも最優先せねばならない課題、およびフランスを取り巻く環境の変化が反映されている。後者については、地域分権のいっそうの推進の必要、文化・民族的少数者の権利保護というEUおよび欧州評議会の方向づけ、そして他国に比して遅れた女性の政治進出の促進の要請などがあげられる。

しかし、以上に対する抵抗もまた大きかったし、依然として大きいともいえる。司法、とりわけ法律について合憲・違憲の判断を下す憲法院は、「フランス国民の一体不可分」という見方を容易に崩さず、法の中で、国民の一部の下位集団（性、地域、民族などにかかわる）を区別し、これに特別な権利を認めることには、否とする態度をとってきた。この司法のカベを突破するため（憲法院の違憲判決を封じるため）、「パリテ」に関しては、九九年、シラク‐ジョスパン政府は、憲法改正の提案に踏み切り、これを成立させた。改正憲法第三条五項には、議員等の選挙による公職への「女性と男性との均等な接近」という表現がとられていて、法律は地方議員の選挙における政党・会派リストには女・男同数を登載することを規定している。これは前述のように、事実上アファーマティヴ・アクションとみられうるものである。

しかし、右の「マイノリティ言語憲章」については、憲法院の違憲判決にあえて対抗するような政府側のアクションは起こされなかった。

こうしたジグザグな歩みのなかで、論議の焦点となってきたと思われるのは、ある人々の集団なりカテゴリーなりを特定し、対象とすることの是非、そして（アイデンティティ問題を内包するとみなされる）かれ・彼女らの文化的要求になんらかの反応を示すことの是非、である。これらのイッシューに対し、司法、政策担当者、識者は概して否定的であるといわれるが、果たして統合ヨーロッパ（EU）の目指すところや、社会構造や時代の要請の次第で、こうした拒否が許されなくなることはないのだろうか。フランス的「例外主義」という言葉があるが、この独自性追求は、もし現実への有効な対応につながらなければ、遠からず試練に立たされる恐れがあろう。

第6章　ポジティヴ・アクションへ
――「教育優先地域」施策を中心に

特殊性をどこまで考慮するか

移民の社会的統合の危機にたいし、診断と対応をさぐるという努力はなかったわけではない。単なる法の下での平等では不可能な、対象を重点化した特別な施策が必要ではないかという議論は八〇年代、さらにそれ以前から登場していた。エキテへの関心が喚起され、移民の属性や文化を、普遍主義の名の下に単に無視し去るのではなく、考慮に入れながら、その不利を補うような施策を展開すべきではないか、という議論も聞かれるようになる。ただし、それはなかなか旗幟鮮明な施策転換とはならず、しばしば外見上はそれとは判断しがたいような名称の下に実施されていくのである。たとえば「都市政策」。そして、「外国人」「移民」あるいは「マイノリティ」などの文言を表に出すことはつねに控えられている。これはフランスの特殊事情を反映したもので、「分かりにくさ」として今日まで、尾を曳きつづけている。

ともあれ、八〇年代にはアングロ＝サクソン諸国における対マイノリティの施策にも目が向けられるようになった。それは違いの確認のためだったか、それとも共通課題の発見のためだったか。両面があったように思う。

イギリスでは、たとえばバーミンガム市やブラッドフォード市の都心、またはロンドンのイーストエンドの特定街区のような、パキスタンやバングラ＝デシュ系ムスリムの児童・生徒の多い学校では、保護者たちの求めがあれば、これを地方教育局は受け入れ、ウルドゥー語やベンガル語のカリキュラムが用意され、子どもは選択で授業を受けることができる。教える側についても、たとえばアジア系の教員が——まだ少なすぎると当事者から不満はあるが——バーミンガムでは四％に及ぶ（アンワール、二〇〇二、七五）。さらにブラッドフォード市では、学校の放課後の教室に市の首座モスクのイマームが現れて、希望者にコーランを教えることさえありえないことではなかった（分田、一九九一、一二九）。

サッチャー時代の教育改革で「ナショナル・カリキュラム」が打ち出され、その導入が事実上あらゆる学校に義務づけられて時間の配分などは変わったが、それでも親や生徒の母文化に教育上の位置を与えるという考え方は否定されていない。

それに反し、フランスでは、たとえば非ヨーロッパ系の児童・生徒の多い学校でも、選択科目にせよアラビア語やトルコ語の授業が設けられるという可能性は考えにくい。まして、「非宗教性」原則にできない。

の立てられている公立学校では、課外であれ、コーランの授業が教室を借りて行われることは想像だ

ただ、移民たちの生活実態にイギリスとフランスでそれほど根本的な違いがあるわけではない。パリとその郊外には多くのモスクまたは小規模の礼拝所が生まれ、ハラール・ミートを扱う肉屋、その他ムスリムの生活必需品を売る商店はもうめずらしくない。そしてコーラン学校がある。

また、アジア系住民の多い街区であるパリ市内のショワジーやベルヴィルには、中華学校があり、大規模なアジア系食材店があり、漢字の看板を掲げる保険や行政手続きの代行業者がオフィスを構えている。違いといえば、フランスでは、これらは私的空間の事象とされ、中華学校やコーラン教室はもっぱらセカンドスクールまたは私塾的存在であって、公的認知はない。ちなみに、イギリスでは一九九七年発足の労働党政権の下、ロンドン、バーミンガムで始まり、カリキュラム上の条件や、男女共学の条件などを満たせば、イスラム系学校の公費(国費)認知も行われるようになっている(佐久間、二〇〇二)。

では、そのフランスでの普遍主義、単一主義の見直しは、どのように進んだのだろうか。いいかえれば、特殊性の考慮はどのように進んだか。原理の変更という意味でならば、ノーというべきかもしれない。だが、D・シュナッペールらが「普遍主義的原則からの非公式の逸脱」と呼んださまざまな措置が試行されるようになっている(Schnapper et al., 2003)。

また、研究者や政策担当者の用いるトゥールも変わらなければならない。ジャコビニスム批判はも

はやタブーではなくなり、「エスニシティ」関連のコンセプトの使用も、少なくとも研究者、ジャーナリストなどの世界ではさほど抵抗のないものになっている。これらのことは、ポジティヴ・アクションが受け入れられる素地が徐々にもできつつあることを意味するのだろう。

単一主義からの軌道修正

従来、少なくとも公的な言説では、「フランス国民は一にして不可分」という建前は維持され、「ナショナル・マイノリティ」や「エスニック・マイノリティ」の概念はしりぞけられてきた。しかし、ヨーロッパの統合やそれと密接に関連する地方分権化、地域化(régionalisation)というフランスを取り巻く(またフランス自身も遅ればせながら参加する)環境の変化は認めないわけにはいかない。また、雇用、政治などさまざまな面で男女の平等が求められるなかで、実態の認識と改善の処方箋が要求されるようになった。このように過去二〇年来、フランスの単一主義は、種々の領域で変化の波に洗われ、現実と折り合うために軌道修正を迫られた。

まずジャコバン国家からの脱皮を図る地方分権化はフランスの一大課題であるが、これが個別的に、置かれた条件の特殊性を考慮して進められることに、司法も正面から違憲としなくなった。それは、特にコルス(コルシカ)の地位の扱いに現れ、例の「コルシカ人民」の文言には「ノン」であったが、同地域のみを対象とする、より自治権限をもつ特別な地方公共団体カテゴリーを設けること(一九八二年の「コルス地域圏特別地位法」など）に憲法院が合憲の判断を下したことに現れている（中野、二〇〇五）。今後他の地域に広がっていくかどうかは分からないし、コルスの分権制度は「例外」とされ続けるかもしれないが、一つの道が開かれたことはまちがいない。

海外領土（ニューカレドニア、ポリネシアなど）では、雇用のアクセスに関して現地民優先措置（préférence locale）が布かれている。海外領土は「特別な組織」をもつことができるという憲法上の規定（第七四条）の下にある。

ただしそこでは、基準として認められるのは、二〇〇四年の憲法院の決定では、「出自」（origine）による規定ではなく、「居住地」と結び付けての人口集団のみであるとされた。そこで、この措置の対象を「ポリネシア系の人々」と規定するのは不可で、「フランス領ポリネシアに生まれた人々」という基準がとられるべきだということになった（Costa-Lascoux, 2004）。この二つの規定の指す意味範囲は同じではないことに注意する必要がある。つまり、この優先雇用は、土地の民族的ポリネシア人を対象とするものではなく、この地への根付きという要件を満たすすべての個人を対象としなければならないということである。この要件を満たせば、中国系であれ、インド系であれ、フランス本土出身で住み着いた者であれ、すべての住民が対象になる。なお、フランスでは民族出自を同定する公的方法は定められておらず（そのような同定は事実上禁止されているため）、「民族的ポリネシア人」を識別する方法もないということになる。言い換えは、実は異なる結果をもたらすことが多いのである。

いま一つ、政治における男女の平等の実現という観点から地方議員の選挙候補者にパリテ（男女同数原則）を導入したことは、それ以上に注目される。くりかえしになるが、これは、九九年の憲法改正によるもので、その新しい条項は、「議員の職、および選挙にもとづく公職への女性と男性の均等な接近を、法律によって促進する」（第三条五項）とうたい、翌年、地方選挙での候補者リスト作成にかんする詳細を定めた新法（「選挙にもとづく職責委任への男女平等参画促進法」）が成立している。憲法院はそれまで、不可分一体である「フランス市民」を「男性」「女性」というカテゴリーに分けるのは違憲であるとして、議会で議決されたパリテの法制化を阻止してきた。この抵抗を排除するため、ジョスパン内閣は憲法そのものの改正に進んだのだ。

パリテについては、これを普遍主義的な平等と基本的には矛盾しないとする主張がある一方、女性を対象集団とするアファーマティヴ・アクションであるとする見方もある（樋口、一九九九、一一七）。いずれにしても、「フランスの政治では女性の地位が低い」という現実問題とこれへの批判に応えるのに、抽象的に性という属性を消去した個人の平等をつらぬくだけではすまなくなっている。

以上は九〇年代の動きであり、実はすでにそれに先行して、戦後、ある時期以降の政策に、ポジティヴ・アクションの萌芽が現れていたことに注意したい。それは「都市政策」(politique de la ville)と総称されるものである。

「都市政策」という名のアプローチ

しかし、この名称の下にグルーピングされる国、地方公共団体、さらにNGO等のかかわる諸政策の共通の性格を適切につかむのは容易ではない。ある論者は、この「都市政策」を称して、「絶えずその目的を手探りしている不確かな政策」とさえ述べる(Jaillet, 2003)。しかし、ある観点からは、その性格を抽出することができる。

「都市政策」の中心的特徴は、「まずなによりも、平均からの格差が明らかであるような統計的基準にもとづいて「優先度が高い」と規定された都市地区に目標づけられた特有の措置、手法、実践の総体」(Anderson et Vieillard-Baron, 2000, 119)にあるとされる。つまり、「優先度が高い」と目される対象に重点的に国が政策上の資源を投入するという点に、従来の、均等という意味での平等を超える新しさがあった。低所得、失業、外国人・移民の多さ、住宅の劣悪などの特質を示している地区、層を重点的に対象とする改善のプログラムであり、さまざまな施策を含んで、その総称としていわれたのである。

なお、これは出発点で、アメリカのケネディ－ジョンソン政権時代の「モデル・シティ」政策やイギリス労働党ハロルド・ウィルソン政権の「教育優先地域」(Educational Priority Area)政策に影響を受けている(宮島、二〇〇五)。後者は、一九六七年から七〇年にかけて設けられたもので、低所得など不利を負っている労働者の居住地区の生徒に多い学業挫折への対応として、学校の改善、教師の研修などの諸施策を組み合わせたものである。

こうした施策の具体的実現をより鋭くせまる事件が起こる。すでに紹介したが、リヨン市の東郊のヴィルユルバヌ、ヴェニシュー、ヴォー・ザン・ヴランなどは、工業地帯に近接する昔からの労働者の町だったが、七〇年代から、マグレブ系移民労働者が増えていった。特に移民集中地区の一つであるレ・マンゲットでは、二〇歳以下人口が五一％、失業率二〇％が記録され（一九八二年）、そのレ・マンゲットで八一年七月の「暑い夏」に青少年たちの不満が爆発し、自動車が盗まれ、暴走が組織され、さらに車が焼かれた。これはマルセイユやアヴィニヨンにも飛び火した（Anderson et Vieillard-Baron, 2000, 24）。

事件は衝撃をあたえ、新大統領ミッテランの下に生まれたモーロア政府は調査団を派遣した。その結果、失業、学業挫折の深刻さ、そしてその背後にある彼らへの社会的差別が指摘された。対策の必要性がただちに検討されたが、当時どのような議論が行われてきたか。政府の送った調査団は、その調査結果にもとづいて、提言を行う。それは、㈠未熟練の若者、若年女性、移民第二世代に対して特別の措置を行うこと、㈡情報処理等の「テクノロジーのハードルを乗り越えさせること」、㈢「職業的編入と社会的編入を結びつけること」、という方向づけによる提案だった（『青少年の社会的・職業的参入』、いわゆるシュワルツ報告）。これを社会党主導政権が採択することで、対象と関連づけた特別措置という方向づけが定まる。

右の報告の提案を実施に移すとして打ちだされたものの一つが、八二年八月二六日政令（オルドナンス）による「一六〜一八歳の若者の職業訓練と社会参加を図るため」の諸措置である（*Ibid.*, 25）。そして同年から、グルノーブル市、ドゥルー市などを皮切りに、さまざまな都市、地域で、国家予算からの支援を受けて、若者への職業紹介、職業訓練が強化されていく。「都市政策」と総称されるとはいえ、低い学歴、失業などの不利と差別をこうむっている若者、とりわけ移民第二世代に一つの照準が合わされていたことは明らかである。なお、この対象を、地域、年齢、所得などでカテゴリー化し、かつ包括的に「都市政策」という用語で表現したところに、後に述べるフランス的な「普遍主義」志向の思考と語法があるといえる。

一九八〇年代に実施されたポジティヴ・アクションの性格をおびた施策、すなわち単なる機会の平等を超え、特別な予算を用意し、不利な状態にある者の状況を改善するという差異化措置(mesures de différenciation)とみなされうるものを挙げておきたい。いずれも社会党主導政権の下で開始されている。

課外教育援助措置(Dispositif d'animation éducatif périscolaire)

八二年に開始。主な対象は外国人・移民と想定されたが、学習困難なフランス人の子どもも対象となった。八七～八八学年度をとると、全国で二万一〇〇〇人の児童生徒が対象とされている。なお、以前から非フランス語圏出身の子どものための「受け入れ学級」を設ける措置はとられてきた。

個人再講習基金(Crédit formation individualisée)

八八年に創設。学業を離れて一年以上経過している若者をその対象とする。学校で職業資格を得ることのできなかった若者（課程修了をせず、義務教育年限が終わると同時に離学した者など）に、いわば「二度目」のチャンスを与えるためのもの。「職業適任証」（ＣＡＰ）を獲得させるのを目的とする。

社会行動基金（ＦＡＳ）による職業訓練の援助

ＦＡＳは政府出資の社会問題省の管轄下の基金であり（現ＦＡＳＩＬＤ）、移民労働者とその子弟の社会統合を助けるものとして機能してきて、そのなかにはポジティヴ・アクションの性格をもつものも少なくなく、たとえば八八年には、移民労働者とその子どもを対象に三五〇〇人分の職業訓練の費用が準備されている。

若年者の雇用に関する一連の施策（八六〜八九年）

「職業生活入門研修」（若者に職業生活を経験させるための、研修を受けつつ働くという職場実習への援助）、「年少者熟練形成契約」（雇用主は最低賃金の三〇〜六〇％で若者を受け入れ、特に技能形成のためトレーニングを受けさせる）、「雇用－連帯契約」（若者たちに正規の雇用を得させることを目的に、契約期間中にさまざまな研修手段が用意される）等。

参入最低限所得制度

八八年に設けられたもので、貧困者、すなわち一定の所得水準に達しない者に、その差額を補償するもので、失業中の者、あるいは失業補償の権利を期限切れで失ってしまった長期失業者とその家族の社会への再参入を可能にすることをねらいとする。外国人も三年以上居住していれば、この給付をうける対象となる。

なお、九〇年代半ばに保守政権によって「自由地帯」(zones franches)政策が展開されたが、これはサッチャー時代のイギリス保守党の政策に示唆されているといわれ、企業に免税措置を講じ、課題集中地域での経済的活動を活発化させ、さらに二〇％の「地域内雇用」を義務づけている(Maurin, 2004, 62–63)。

以上の諸措置とならんで、大規模で継続性をもつのが、後にみる「教育優先地域」(ZEP)政策である。

ポジティヴ・アクションのフランス的特質——比較のなかで

時間は前後するが、前述したリヨンの出来事ののち、シュワルツ報告も承け、政府部内、移民問題専門家などのあいだで行われた当時の議論について、パトリック・ヴェイユは次のように書いている。「一九八一年の公権力〔誕生間もないミッテラン大統領の下でのモーロア内閣〕は、これらの問題を解決するのに、独自の方法を選択する。すなわち諸々の手段を特定の場所(site)に集中することにした。アメリカ式とはちがって、たとえば彼の地で黒人が対象とされたように、マグレブ系の者に絞るといった、人に向けられたものではなかった。具体的問題を、むしろ選ばれた場に生じた問題として扱うことにしたのである」(Weil, 1991, 261. 傍点宮島)。

これが、今日いわれるように、アメリカで行われている女性と特定の民族・人種マイノリティのためのアファーマティヴ・アクションとは一線を画した、考慮される基準がつねに多少とも「普遍主義的」な性格をもつような社会政策としてのフランス型なのだ。G・カルヴェはさらに、フランス型の特徴を、次の三つにまとめている。㈠集団を無視する政策であること、㈡社会的政策であること、㈢「市場ゲーム」をほとんどしりぞける政策であること(Calvès, 2004)。

そのいくつかの例はすでに示したが、異同をより具体的に知るために、しばし比較の視点に立ちたい。

なお、今日アファーマティヴ・アクションはインド、マレーシア、スリランカなどアジアにも展開されているが、以下ではアメリカとイギリスにしぼりたい。

アメリカのアファーマティヴ・アクション

アメリカの一九六〇年代に開始される「アファーマティヴ・アクション」は、人または集団を対象とし、主に、雇用、公共事業契約、大学進学という三つの分野で展開されたが、時期や州によってその内容や重点は異なる。また、その周辺には、バイリンガル教育や、多言語による行政サービス(運転免許試験など）のようなマイノリティの文化的不利を軽減する特別な措置も配され、ともに通底するエクイティの哲学が働いていた。周知のようにこれらには反対論、抵抗、抗議、訴訟もあった。だが、黒人、先住民（アメリカ・インディアン）、ラテンアメリカ系、さらには州によってはアジア系、イヌイト（エスキモー）、そして巨大なマイノリティ集団というべき女性、等々の「人」が対象とされ、いずれも、「不利を負っている集団」(disadvantaged groups)として特定された人々の集団ないしカテゴリーを対象としている点で共通している(Sowell, 2004, 132ff.)。

アファーマティヴ・アクションをめぐる議論は、フランスとアメリカの歴史背景の違いをめぐっても展開された。研究者たちに従えば、アメリカには、アフリカ系の人々を長い間奴隷として使役した歴史があり、その一九世紀後半の解放も不完全で、市民権の完全な平等な保障は六〇年代にすぎなかったのであり、長期にわたってつくられた構造的な人種不平等は深刻なものであったから、これにターゲットをしぼった思い切った補償措置が必要であった。

これに類する歴史的な構造化された差別がフランスに、あるいはその他のヨーロッパになかったか。フランスの奴隷解放は一八四八年だったが、植民地ネイティヴ、ユダヤ系、ロマのことを思えば、歴史的差別構造がないとは言えないだろうが、現在の移民労働者やその子どもたちについては状況は同じではない、と論者たちは考える。もっとも、女性については、過去からつくられてきた根深い不平等構造があって、これを思い切った措置によって修正すべきだという主張にかなりの共感もあることは、パリテの法制化を通してうかがうことができる。

そして、右にもいうように、フランスでは、学校教育、職業教育などにかかわるポジティヴ・アクションがどう組織されるべきかという論議で、エスニック・カテゴリーによる対象者の規定は退けられたのである。とすれば、英米の用語法ではこれはポジティヴ・アクションというべきかもしれない。

イギリスのポジティヴ・アクション

イギリスの場合、国レベルではもちろんのこと、地方自治体のレベルでも、アメリカ式に、共通にこれこれという性、人種・民族集団を指定して、特別措置を講じるというわけではないが、ポジティヴ・アクションの思想、慣行それ自体は、一般的に拒否されない。国勢調査もフランスとは異なり、エスニック・オリジンに関するデータ(本人の申告)を集めている。

一例として、リヴァプール市の場合に触れる。同市では地理的位置と港湾・工業都市(ただし「斜陽」といわれる)という属性から、カリビアン(西インド諸島)系など黒人住民が多いが、彼らは代々、雇用、住宅、福祉、司法の扱いなどでほとんど構造的に周辺的な位置におかれてきて、これにはラディカルな差別糾弾の運動家の声が上げられていた。それに対し、九〇年代、現実主義的な労働党の主導の市議会のイニシアティヴで改善の合意が追求された。すなわち他の地域の制度との連携のもと、六〇〇名の黒人のための職業訓練のプログラムがつくられ、また彼らの高等教育へのアクセスの実質的促進策、黒人やエスニック・マイノリティの自発的結社への広範な援助、マイノリティの住宅支援組織への援助の計画が練られ、やがて市当局を動かしていった(Ben-Tovim, 1997, 215)。ターゲットは黒人を中心にマイノリティに絞られているが、必ずしもクォータへの固執はみられない。

イギリスとフランスの違いは、次のような制度と理念的背景によるところが大きいと思われる。一つには、右にも述べたように、前者では住民の人種・民族出自のデータが比較的整備され、そうした集団ないしカテゴリーを議論の基礎とすることへの人々の抵抗が少ない。教育については、より中央集権的で単一主義的制度であるフランスに比べ、地域分権の度合いが大きく、また教育に対する保護者の要求の権利がかなりの程度認められている。教育内容すなわちカリキュラムに民族アイデンティティを反映させること——フランスでは普遍主義の名の下、まず認められない——への許容度もより高い(もっとも、ナショナル・カリキュラムの義務化が進んで、やや変わりつつある)。ここには、両国の近代史そのものに淵源する、単一主義か、複数主義か、世俗的非宗教的教育か、宗教・文化の多様性を反映してしかるべき教育か、といった伝統の相違がかかわっている。

競争的・市場的メカニズムに頼るか否か

アメリカ型にもう少し触れておけば、そのアファーマティヴ・アクションには、競争的メカニズムの自然さが前提されているように思われる。一九六五年のジョンソン大統領の有名な演説は、一〇〇ヤード競争にたとえて、足枷を付けた者とそうでない者にどれだけスタートの際に差を付ければフェアな競争になるかという論理で組み立てられている。つまり、個人主義的な競争社会を前提とし、その修正が目ざされているのである。また、合衆国大統領命令一一二四六号(一九六五年)、およびその修正としての一一三七五号(一九六七年)は、政府の公共事業の契約者である一定規模以上の企業は、自社における人種・民族、性別の雇用状況の報告を提出しなければならず、基準が満たされない場合、最終的には契約の解除、契約資格剝奪までのサンクションが及ぶ。こうした基準遵守を強いることで、営利体である企業における差別撤廃を進めるというのはアメリカらしい発想である。

だが、フランスではこのような競争社会のメタファーは避けられ、企業の利害関心に訴えるやり方はとられていない。いな、公共部門、民間を通して雇用について、ポジティヴ・アクションを実施するという方向づけは弱い。人種・民族差別が今日もっとも鋭い形で問われているこの分野で、フランスのポジティヴ・アクションはほとんど作動していないのだ。

このことは表立って論じられないが、大きなジレンマであろう。「地域」「年齢」など普遍的基準にもとづいた措置のみを許容するという発想では、「人」をその対象とする措置は困難であろう。

では、フランスで、ポジティヴ・アクションが「地域」をその対象にするとき、それはどのように対象指定を行うのか。ここでも、努めて「普遍主義」的であろうとする姿勢がうかがわれる。けっきょく、そこでとられたのは指標主義であって、ZEPでいえば、当該学区の外国人人口比率、失業率、児童生徒の学業挫折率などの指標を組み合わせて、指定が行われたのであった。

焦点はどこにあてるべきか

アメリカでは黒人、ヒスパニック、そして女性が、いわば公認の対象として、クォータを含む優先施策のターゲットとなった。では、表向き語られることはないが、フランスで、もしも「人」あるいは「集団」を対象とするとしたならば、何がターゲット化されねばならなかったのだろうか。これを語ること自体に、エスニシティに言及するものとしてフランスでは抑制が働き、客観的に論じるためのデータも十分収集されていない。しかし、端なくも、先のヴェイユの言葉に例示されたのは、マグレブ系、あるいは「北アフリカ系」であった。

それはマグレブ系が、量的に大きな集団をなしているからという理由だけではない。リヨンの郊外都市での「暴動」における主なアクターがマグレブ系であり、次いでブラックアフリカ系であることは知られていて、それは政策担当者の念頭にもあった。といって、マグレブ系の学業失敗率が有意に高かったということは必ずしも証明されない(先に触れたが、平均してポルトガル系のほうが、ディプロームのレベルは低く、高学歴者も少ない)。彼らは概して、親が移民労働者という「恵まれない階級」に属するが、といって均質な集団をなしたわけではない。当人たちは旧植民地あるいは保護国の出身者として、親、祖父母の代からフランスとの絆はより深く、平等への要求は強く、にもかかわらず彼らに「アラブ」というステレオタイプの眼差しが向けられ、フランス市民には強度の他者性を意味する「イミグレ」の語が容赦なく充てられ、学校内外で緊張を生じることは多かったといえよう。こうしたことから、反学校的な態度に傾き、学習モチベーションを低下させる者(特に男子)も多いとみられる。

マグレブ系移民とその子弟が、現代フランスでとりわけ周辺化された存在であることは、バタイユ、トリバラなど多くの経験豊かな研究者が言明している。これは、失業率などのデータからある程度客観的に裏づけられるが、なぜかと問うとき、事実と「事実の構築」との複雑な絡まり合い、その帰結をみないわけにはいかない。かつてピエノワールが行ってきた、フランスに屈辱的敗北をもたらした許しがたい反抗的な植民地的現地民というイメージ付与(対象はアルジェリア系)は、いまだ年長世代、国民戦線等の「アラブ」イメージの一要素となっている。「イスラーム」という彼らへの規定は、移民たちの信仰形態が非常に多様であることに照らし過剰なカテゴリー化の恐れがある。「スカーフ」問題が、過去十数年を通じて、イスラーム移民はフランスにとり「挑戦的」で「危険」な勢力という表象をつくり上げたが、政治とメディアによる「構築」がこれほど作用した例は少ないだろう。ただ、経験的研究や、当のマグレブ系の発言による、マグレブ系家族における家父長制、男尊女卑、たとえば女子の就学への否定的態度などの指摘もある(A・サイヤッド「私生児たち」)。ここからもネガティヴ・イメージがつくられているが、変化も起こっている。

さらに集団としてターゲットとされうるなら、非フランコフォンの出身の子どもたちが学習参加の困難から対象とされえたかもしれない。すでに述べたように、トルコ系など、明らかに困難を示すグループがあった。彼らのためには学校への編入時の「受け入れ学級」が設けられたから、ある程度ポジティヴ・アクションの意味があるかもしれないが、それはもっぱらフランス語で行われる過渡的な教育施策であった。

いずれにせよ、そのような集団特定的なポジティヴ・アクションは、特殊主義におちいるものとして、また特定集団に負のレッテルを貼るものとして退けられた。だが、そうするほかなかったのだろうか。

ZEPにおける地域選定の論理

無償、非宗教性、そして性・国籍・民族などにいっさいかかわりなくすべての児童・生徒が同一の教育を保障されること、これがフランスの公教育の基本原則であった。そのキー・コンセプトは、まさに「エガリテ」にほかならない。だが、このエガリテ至上主義に代えて、差異化(différenciation)の原理を全国の公立学校へ導入する教育優先地域(ZEP)の政策が、八二年にスタートした。そこにいたる経緯、背景などについては多少、前章で述べている。では、その「差異化」とは何だったか。

初年度にZEPへの指定が行われたのは、全国で三六二地域だったが、二〇年を経た二〇〇一年の数字では、その数は七〇〇を超えている。そしてこれによってカバーされる子どもの数は全国で一八〇万人、小学校児童の一五%、コレージュ(前期中等教育にあたる公立学校)生徒の一七%にあたっている(Toulemonde, 2004)。では、そのZEPの指定はどのように行われたか。

実際にある学校をZEPに組み入れる決定の権限がゆだねられたのは、大学にいたるまでの各レベルの公教育行政を管轄するアカデミー(大学区)の長である。前述のような指標(外国人・移民児童生徒の率、落第率、失業率)が準備されており、決定プロセスでは、学校長の申請があり、該当地域のさまざまな団体(教員、保護者、地方公共団体、労働組合、等々)の意見が求められ、これには当時進められていた地方分権化改革の論理が反映していた(岩橋、一九九七、二六一)。だが、そのようなアカデミーを基礎に地域団体の意見反映もはかるという指定方法がとられる結果、当初の外国人－移民の子どもたちを意識した教育施策に、その後、二つの「希釈化」ともいってよい方向修正が生じる。

一つは、全国の二七のすべてのアカデミーで、ＺＥＰの指定にかかわる検討が行われたため、移民・外国人人口のごく少ないアカデミーでも、もちろん数は少ないが、指定がなされたことである。最近のＺＥＰの分布(表6－1)をみてみても、たとえば、中央山地を含むクレルモン＝フェラン、地中海島嶼のコルス(コルシカ)、西端の農漁業・酪農の比重の高いブルターニュ地方を管轄するレンヌなどのアカデミーの指定するものがある。その結果はどうなったか。ＺＥＰに属する学校数六八七五(二〇〇〇年)のうち、農村的コミュヌに位置するものは三八八校(五・六％)、孤立的小都市コミュヌに位置するもの五三四校(七・八％)となっている。移民・外国人の子どもの存在がほとんどゼロであろう学校が、比率は小さいにせよ、指定されたと推定される。ただ、さすがに、農村部の多い過疎化も進んでいる中央部のカンタル、オート・ロワール、ロゼールの三県だけは、ＺＥＰに属する学校を一校ももたない。

なお、植民地である海外県の四アカデミーでも、三九が指定されている。グアドゥループ、アンティル、マルティニク、ラ・レユニオンでは、児童・生徒はすべてフランス国籍者だろうが、民族・文化的にはマイノリティ性ももち、本土の移民マイノリティと相通じるものがあるかもしれない(表6－1参照)。

表6-1　アカデミーごとのZEPの数と対象学校数(2003年9月)

アカデミー	管轄内ZEP	対象初等学校	対象中等学校
エクス=マルセイユ	40	311(16.5)	53(26.8)
アミアン	41	246(10.7)	36(20.9)
ボルドー	22	229 (8.6)	25(10.2)
クレルモン=フェラン	6	60 (4.5)	7 (5.0)
コルス	6	52(19.1)	6(21.4)
クレテイユ	64	642(25.1)	110(32.0)
リール	97	702(21.5)	97(29.3)
リヨン	35	258(12.3)	39(18.8)
パリ	14	188(28.6)	24(22.0)
レンヌ	8	48 (2.7)	9 (4.3)
海外県(4アカデミー計)	39	311(25.5)	44(24.6)
その他	336	2604	426
合　計	708	5651(10.9)	876(16.9)

出所)　Ministère d'Education Nationale, 2004, 51.
注)　アカデミーは主なもののみ．パリ・アカデミーはパリ市内の諸学校を，クレテイユ・アカデミーはパリ市の東および北の郊外地区の諸学校を管轄する．後者は移民第2世代の多住自治体を数多く抱える．移民人口の比率が高いアカデミーは，クレテイユのほか，エクス=マルセイユ，アミアン，リール，リヨン等である．カッコ内は全学校に占める対象学校の割合．

第二に、アカデミーの長が、さまざまな団体の意見をも聴して指定を行うとなると、移民の子どもたちへの支援という趣旨がそれだけ薄められるおそれがある。移民たちの固有の状況について意見を代表しうるような団体は、多くが「アソシアシオン」の名で呼ばれるヴォランタリー結社であり、通常の教育行政の諮問システムのなかの「公認」団体にはまず含まれないからである。こうしたアソシアシオンの排除は、指定の仕方に影響をおよぼしただろう。

「恵まれない階級」という言説と問題点

ZEPは、策定にあたって当初は、外国人・移民の児童・生徒への対応が一つの大きな課題と認識されていたにもかかわらず、言表される目的・理念はその経緯を反映しておらず、「移民」「外国人」への言及を欠き、いわゆる普遍主義的な言説のなかに溶解せしめられてしまっているようにみえる。ZEPの公的趣旨は次のようにいう。「その社会的諸条件ゆえに、そこに生きる子ども・青少年の学校的成功にとって、そして結局は、彼らの社会的統合にとって危機となる要因、すなわち障碍が存在する地域において、教育的活動を強化すること」。あるいは、九〇年の趣旨通達では、「もっとも恵まれない状況にある生徒たちの学校成績の著しい改善を達成すること」とある。

九八〜九九年度のZEP内のコレージュでは、両親が移民である子どもは二七%を占めたが、右のような角度から整理すると、こんどはZEPのコレージュに学ぶ生徒の六〇%が労働者または失業者の子どもということになる(非ZEPのコレージュではこれが平均三五%)。カードル・教員・自由業など中間層以上の職業の親をもつ生徒は、一六%にすぎない(非ZEPでは三七%)という数字が出てくる(Toulemonde, 2004, 91)。その面からの性格づけが一般にとられている。

対象は、移民・外国人の多住地域とさえ表現されず、単に「問題地区」(quartier difficile)のような言い方がなされ、多様な解釈を容れるものとなっている。ここには「社会的統合」という移民マイノリティへの施策を思わせるような表現こそみられるが、「社会的諸条件ゆえに」という抽象的で、「普遍主義」志向の表現が使われ、言語等の具体的な文化的ハンディキャップについての言及はない。その後、ＺＥＰの理念や施策を紹介する論文等でも、このような「普遍主義」的言説をもっぱら用いるものが少なくない。

もちろん、ＺＥＰに指定された学区の多くでは、右にあげたように、移民・外国人の子どもの比率が平均して高い。じっさい、外国出自の生徒または児童が全体の三〇％以上であることが、ＺＥＰ指定の決定的条件であると言われている（Costa-Lascoux, 1989, 94）。だが、普遍主義的に置き換えられた言説をそのまま受け取ると、ＺＥＰの対象は、「恵まれない状況にある階級」（classes défavorisées）の子どもということになり、労働者、農民、その他の民衆層であるとイメージされ、当初の目的はそれだけぼやける。移民の子どもたちの家庭が、「社会職業的カテゴリー」（ＣＳＰ）において不熟練・反熟練労働者階層に属するからといって、フランス人の労働者家庭とまったく変わらないということでは決してない。これにはまた後に触れよう。

八〇年代、九〇年代に、国民教育大臣やその他多くの責任者や関係者が、ＺＥＰの意義を論じ、教育における「平等」、「不利の補償」の必要を語っているのであるが、そのなかで「移民」「外国人」というタームへの言及はつねに、そして「不自然に思える」ほどにまで避けられている（池田、一九九七、二八三）。

施策の特徴

ZEPの施策の内容をみてみよう。

指定を受けた地域の教育機関(公立初等・中等学校)には、それ以外の一般の学校に比べて、平均二・七倍の予算が配分される。原則、国費でカバーされるのである。これはもちろん施設、設備、機器などの物件費にもあてられるが、教員、補助教員、その他のスタッフの増員も行うことができる。これにより、一学級の定員をそれ以外の地域よりも少なく抑えることができる。しかし予算措置については不十分という声がつねに学校側から聞かれる。

次に、教員以外に、多様な行為者を雇用する、または協力をあおぐことができるようになる。「アニマトゥール」(animateur)などと呼ばれる、いわゆる教員よりも広い範囲の教育エイジェントが登場するのである。従来のフランスの学校の知育中心への反省とそこからの離脱の現れとみることができ、これら新しい指導者は、しばしば文化、芸術、スポーツ、野外活動などの分野に属する。カリキュラムもそれだけ幅が広がるわけで、その限りでは、古典的人文学や理論的知育の比重の大きかったフランスの学校文化を変えようという方向性はうかがわれる。彼らを含めて形成される活動遂行チームが、地域の独自の教育プロジェクトをつくりあげる。

地方分権化改革によって、従来集権的国家管理の下におかれていた公教育が、コレージュは県へ、初等学校はコミュヌ(市町村)へ、というように権限が移されたこととあいまって、教員以外の指導協力者の活用は、地域によってはより多様な形で行われるようになった。そして右に述べた地域の教育プロジェクトが、実施に移されていく。ＺＥＰの発足時には、全国であらたに二八〇〇人の教員・指導協力者の雇用が創出された。

その後にＺＥＰ政策に加えられた主な変更、拡大は、九九年の「教育優先ネットワーク」(réseau d'éducation prioritaire: REP)の創設であろう。これは、教員、指導協力者、カリキュラム、教材などの「教育方法および教育資源」について、共有ないし相互援助をはかるためのＺＥＰ間をつなぐネットワークであり、ここにネットされた諸学校は、児童・生徒の成績向上のため諸資源の共同有効活用を図ることができる。二〇〇三年現在、全国でＲＥＰの数は、八〇七におよぶ。

触れられない文化、アイデンティティ

けれども、ＺＥＰでは、エガリテとエキテの緊張が実はきわめて大きいといえる。

それは、言語をはじめとする文化の側面で、これといった新しい施策は含まれていないことに現れている。ＺＥＰの指定を受ける学校でも、言語的にはフランス語モノリンガル世界であって、学ぶ児童・生徒の母語への配慮は特に行われない。教育施策におけるエクイティが英米で問題になるとき、ほとんどつねに多文化主義ないしは文化多元主義と実質的にリンクして、母語・母文化教育や、より

稀ではあるが、宗教教育へのなんらかの配慮が行われるもので、イギリスの例についてすでに触れたが、アメリカの、ヒスパニックの児童・生徒を対象として出発し、展開されていった二言語教育(末藤、一九九九)を思い起こせば、このことはただちに了解されよう。しかしZEPでは、エスニシティの視点からの文化多元主義や複数主義はうたわれていない。これにあえて触れないようにという、意識した姿勢さえみられる。

なお、フランスでも移民の子弟の「出身言語・文化教育」(ELCO)は行われていないわけではないが、これはたびたび触れたように正規の学校教育の埒外にあるといってもよい。主な移民送出国との間の二国間協定に基づく、文化協力事業という性格が強く、教育内容も送出国にゆだねられており、教員の派遣も給与支払いもこれら外国が行うことになっている。このことは、フランス国民教育省の側に、母語・母文化教育の積極的な位置づけがないことを物語っており、この教育にはおざなりの周辺的位置が与えられているにすぎないという指摘が多い(Laparra, 1993, 55)。

ZEPのこうした特質は、社会におけるアイデンティティの扱いをめぐるフランスの潜在的なコンテクストにかなり関係しているのではないか。社会学者のD・マルチュッセリはZEPの問題点を衝いている。

「ZEPは、差異主義的なエキテと共和国的平等との綜合を行うわけであるが、他から区別された人々の一カテゴリーではなく、一地域範囲を対象としている。……この場合、エキテの原則は、社会的欠如を補うことを目指しており、文化的・アイデンティティ的な独自性が問題とされる場合も、それはつねに社会的問題として、(普遍的な語法の下に)扱われる。これこそが、ZEPにかかわる諸施策が、専門化された教育方法論を多くもっていないことの理由の一つである。アイデンティティにかかわる主題の無視。これがZEPの限界を画している」(Martuccelli, 1997, 71) だから、エガリテはやはり、社会的規定性以上のものを捨象された個人にもとづいて考えられており、文化的多様性はあらかたそこでは消し去られている。アングロ＝サクソン世界の市民が当然にもとめる承認(recognition)の政治(テイラー、一九九六)は、少数者のアイデンティティの顧慮を含意するものだから、フランスでは一般に実現がむずかしい。ZEPに属する学校でも、そもそも生徒や保護者たちが母語や母文化にかんする要求を提出することは控えられる傾向にある。

エスニシティ志向か、階級・階層志向か

ZEPの趣旨をどのように解するか、という点で潜在的に争点が存在してきたことを述べてきた。そしてこれは、フランスらしい問題の現れ方なのである。それを少々あらっぽく整理すれば、エスニシティ志向、すなわち移民・外国人としてのそれぞれの出自に伴う、とりわけ文化的なハンディに対するアプローチとして重視するか、それとも階級・階層志向、すなわち移民・外国人の子弟も非常な高率で「恵まれない階級」に属しているという点に立脚し、フランス人の労働者階級の子どもたちと共通項で括るべきか、という複雑な社会学的問題である。

P・ブルデューらの文化的再生産論（ブルデュー／パスロン、一九九一）は有力な手がかりを提供してくれるが、フランスの移民マイノリティ（エスニック・マイノリティ）の文化ハンディキャップについて特に具体的知見を含むものではない。ZEPの施策の背景に、ブルデュー理論の影響もあることは否定できず、八一年のリヨン郊外の暴動の頃から一部の社会学者や教員組合SGENなどの見解のなかには、移民少年たちの学業挫折を、彼ら個人に帰するべきではなく、出身社会環境の要因から説明すべきだという主張があり（Weil, 1991, 261）、それ自体は「恵まれない階級」にかんするブルデュー・テーゼであった。ただ、民族マイノリティ（マグレブ系、トルコ系、ブラックアフリカ系、インドシナ系など）の文化的問題については、彼らの階級・階層的地位に安易に還元せず、文化・言語的タームで明確化する必要があるのではないか。

たとえば、フランスの「教育言語」（langue d'enseignement）（ブルデュー、一九九九）との距離の大きさや質的な懸隔は、民族的・文化的出自によっても識別されるべきである。その一つとして、フランコフォンに属さない移民たち（トルコ系、クルド系、インド・パキスタン系、中国系、東欧系など）には注意が向けられるべきであり、固有の教育課題が設定されるべきであろう。また、フランコフォンのマグレブ系であっても、ネイティヴ・フランス人の労働者階級子弟と同一視できないのは、家庭の文化環境の違いが大きいからである。親の少なくとも一方がフランス語が満足に話せない、文字文化にかかわるストック的文化資本が決定的に欠けているといったことのほかに、その家父長主義にかかわっての男子、女子への教育観の相違などが問題となるケースが相当にある。学校がネイティヴ・フランス人と同じ課題を立て、同じ教育方法で対応できると考えるのは、危険であろう。

ところが、一例をあげると、「教育優先地域における書き言葉」という注目すべき主題で、南仏モンペリエ市のある街区で、「書き方」の教育実践を紹介した報告(Chabanne, 2002)があるが、著者は、この移民多住都市において、移民または外国人出身の子どもの状態を、それとして取り出して論じていない。アメリカやイギリスなどでの研究報告なら、とうてい考えられないことである。

スティグマ化をどう避ける

教育優先地域(ZEP)でコレージュやリセ(職業リセが多い)に通った者たちが、どのような教育効果を享受し、その後どのようなコースをたどるのか。特に移民や外国人の場合はどうか。この問いに答えるのは、むずかしい。ZEPの実施で落第率がいちじるしく減じられたといった効果は報告されておらず、当初の期待に比べて成果は陳腐なものに留まっているというのが、多くの声である。

その発足から二十数年を経た今、世上一般のZEPへの眼差しは、メディアの報道姿勢ともあいまって、ポジティヴなものではない。低学力、高落第率、さらには「暴力」や「麻薬」と結び付けられ、これがZEPの認識のステレオタイプになりかけているともいわれる。問題を克服するためにつくられた制度が、かえって問題を生じる元凶であるかのようにいわれるのは、よくあることで、世上の評価にはそういう無責任なところがある。ただ、ZEPの性格づけにおいて、「問題地区」の「めぐまれない階級」の子どもたちへの教育措置という点を前面に押しだしたことが、そうした見方を必要以上に強めてしまったかもしれない。ZEPからの中間・上層階級の家族の「脱出」がつねに問題になっている(Maurin, 2004, 66)。よりスペシファイした理念と教育方法による性格付けを行う、施策の宣伝や公報において細心の注意を払うなど、これを避ける方法はあったのではなかろうか。

しかしネガティヴな評価だけではない。移民の子どもの学習支援にかかわるあるアソシアシオンのリーダーからは、より当事者性のある、バランスのとれた見解も聞かれた(筆者のインタビューによる)。「ZEPのなかで展開される教育は、斬新で、文化的に新しいものもあって、全体として悪くはないが、教科の学力を伸ばすのにあまり結びつかない。だから、自分たちはフランス語、数学、理科などの補習に力を入れている」(宮島、二〇〇五)。このリーダーは、学外でも生徒たちの補習にかかわっていて、そこでは〝古典的〟教科に力を入れているという。

高等教育における一つの試み

ZEPに属する中等教育機関から、どのような雇用の道が開けているか。そのデータは、筆者の知るかぎり、与えられていない。では、バカロレア以上に挑戦する生徒はどれくらいの比率に達するのか。このデータも筆者は得ていないが、それほど多くはないと思われる。

そうしたなか、高等教育の側から、このポジティヴ・アクションを引き継ぐ、あるいはこれをサポートするという動きが出てきたことは一応注目してよいだろう。といっても、ケースは限られている。

二〇〇一年、有力な社会科学系グランデコール（一般の大学と異なり、選抜入試を行う定員少数の高等教育機関）の一つである、パリ政治学院（シアンス・ポ）は、入学者選抜にさいし、ZEPに属するリセを修了した者（バカロレア取得者）を対象として、特別入学試験を導入した。そのねらいは、有力グランデコールの通弊として、入学者が上層階級の子弟に偏るという傾向があり、これを是正するという、いわば選抜の民主化の要請にあった（パリ政治学院の場合、九八年の入学者データでは、八一・五％が、上および中の上の階層出身者だった）。そして、特別試験の結果、〇一年には同校の発表では一八人が入学を果たしている（Sabbagh, 2003）。「画期的」として日本でも報道したメディアもある。これは次年度以降も引き続き行われ、最近の数字では、この特別試験による入学者は、四〇～五〇名（入学定員の一割近く）に達している（以上、関係教員への聞き取りによる）。なお、だれがこの選抜によって合格したかは、最終合否面接にあたった教員を除き、いかなる教員も知りえないものとされ、秘密は厳守された。これは入学を果たす本人たちがそれゆえに周囲からポジティヴまたはネガティヴな差別を受けないためであると説明されている。

今のところは、パリ政治学院のみに限られていて、アメリカの諸大学がこぞってとったクォータ制による入学制度とは比較すべくもない、小規模なものである。移民出身のリセ生徒からは、うわずみのエリートのみを選抜する、あまりに狭き門だ、という不満の声もあるようである。なおフランスでは高等教育機関で、「定員」（*numerus clausus*）という観念を明確にしているのはグランデコールしかないので、入学のポジティヴ・アクションの適用は限られざるをえない。しかし、その今後の広がりに注目はしたい。

展望

今日、フランスの論者の多くは、共和国的平等の普遍主義のみでは、移民マイノリティの不利と差別の問題は解決しないであろうという予見はもっている。たとえば、J・コスタ＝ラスクーが移民の統合のための施策の「五つの柱」として挙げるもののうち、少なくとも三つ、すなわち、㈠経済的・社会的・文化的不平等の補償、㈡特に弱い立場にあるか、「社会的つながりを欠いている」者に向けられた奨励的な施策、㈢結社や中間集団の発達を通しての地域自治体への参加、はジャコバン的な画一性と個人への還元を含意する「共和国モデル」とは異なる方向づけを意味している(Costa-Lascoux, 2004, 22−24)。

これを承けて、二つの問題を提起したい。一つは、経済的・社会的不平等を減じるために文化的な施策が必要とされ、しかもそれは文化的相違を踏まえた上でのキメの細かい施策でなければならないのではないか、ということ。少なくとも、非フランコフォンの移民とその子弟(トルコ系など)についてはＦＳＬ(第二言語としてのフランス語)など、独自メソドによる注意深い教育が行われるべきである。

第二に、アイデンティティへの過度の警戒心を解き、移民たちの集団形成やその文化的活動を奨励することである。フランスにみられるアイデンティティ問題への誤解として、たとえば「ポジティヴ・アクションは、彼らのアイデンティティへの閉じこもりの誘惑を強める」と反対論者はいうが（Slama, 2004）、人間のアイデンティティは簡単に一次元化されてしまうものではなく、多面的であって、それは移民出自の青年たちについてもいえよう。柔軟な議論が必要だと思うのである。

第7章　移民の文化とそのスティグマ化
──「ライシテ」は平等なのか

何が問題なのか

「ライシテ」または「政教分離」という原則を、文化背景を異にするさまざまな成員の平等な市民生活参加の基準の一つとすることには、重要な意味がある。この原則をもたない、たとえばドイツでは、学校では宗教教育が義務付けられ、国教こそないものの、カトリック教会と福音主義教会はそれぞれ教会税の徴収権を認められ、州当局を通して行使している。まさにそのためにキリスト教以外の宗教が重みを増してくるにつれ(なかでも二〇〇万人を超えるムスリム)、後者への扱いが恣意的であるという問題をおびてくる。これにくらべ宗教または宗教的なものを少なくとも公生活から排除するフランス的ライシテは、そうした恣意性を免れ、そのかぎりでの平等を保障する原理となってきた。特にその歴史的意義は大きなものがあった。

しかし、ライシテの原則は、いちじるしく宗教文化を異にする行為者には受け入れがたいこともある。この原則は、私的生活と公的生活行為の区別なき統合を旨とするような宗教法と結びついている文化とは相容れず、齟齬を来たすとされる(コスタ＝ラスクー、一九九七、六)。とりわけ、ライシテを、個々の市民の振舞い方(たとえば、装い方)を規制するようなレベルにまで拡大すると、コンフリクトが避けられなくなる。フランスは、ムスリムとの間にここ十数年、そうした点をめぐって顕在的、潜在的な対立点をもちつづけている。しかし、本当の争点は何なのだろうか。

ここでは、ライシテの観念、変遷、その適用の法的・宗教的問題を問うのは中心課題ではなく、また筆者の能力を越える。問いたいことは次の点である。政教分離という理念、制度は右のように重要な意味をもつとしても、近年のフランスの、ムスリムをターゲットとした法的禁止まで含むスカーフ規制措置が、一部とはいえ未成年の少女たちに懊悩と、教育を受ける権利の剝奪という結果をもたらし、くわえて九・一一以降のイスラーム敵視の眼差しのなかで、人口の一割を占めるムスリム移民全体にもスティグマ化をおよぼしているのではないか。

そうした事実と問題の側面がある以上、移民社会における「平等」のあり方を問う本書で、ライシテの原則の下での移民の扱いの問題点を論じないわけにはいかない。

ほとんど前例がないだろうが、フランス政府は二〇〇四年三月、わずか一条だけからなる、新法を布告した。省略的だが、仮に「反スカーフ法」と呼ぼう。いわく、

「公立の小学校、中学校、リセにおいて、児童・生徒は、宗教的所属をこれみよがしに示すよ

うな表徴、服装を身に着けることは禁じられる。懲戒処分に際しては、それに先立ち児童・生徒との対話がなされなければならない」(官報、三月一七日号)

一般的形式をとっているが、これはいうまでもなく、イスラームのスカーフを着けて公立学校に通ってくるムスリム少女たちを想定対象とする法である。

ちなみに、ドーヴァー海峡の彼方イギリスでは、ムスリム多住都市のインナーエリアで、学校に通う少女たちのスカーフ姿はよくみられる。たとえばバーミンガムでは日常茶飯の光景であり、教室内でも多数のスカーフ姿の娘たちが授業を受ける姿を目にする。また、パンジャブ出身シク教徒のターバン姿は、イギリス社会のほとんどの場で許容されている。

右の法制化は、周囲のヨーロッパ諸国からは、共感よりは、むしろ驚きと若干の懸念をもって迎えられた。ライシテの原則が、政教分離法から一世紀を経て、別種の問題をはらむようになったとの指摘もある。法案の議会通過はスムーズで、抵抗はほとんどなかったように外目にはみえるが、フランスの識者の間には、「ライシテにウィ、排除にノン」というスローガンで、反対を表明する声もあったことは確認される。

スカーフ事件の意味

出来事の前史に触れなければならない。といっても、ここで遡りたいのはわずか十数年前のことで、八九年九月、パリの北の郊外、クレイユ市の公立中学校、コレージュ・ガブリエル・アヴェに、モロッコ人、チュニジア人を親とする三人の女子生徒がスカーフで頭を覆って登校し、彼女たちのスカーフ着用のままの授業出席を学校長が拒否したことに端を発する。スカーフを脱ぐことをこばむ本人たちへの説得、保護者との困難な話し合い、イスラーム関係者の抗議、国民教育大臣(当時リオネル・ジョスパン)の声明、国民議会での質疑、等々へと事件は大きく波紋を広げていった。

女生徒のスカーフ着用はそれ以前からなかったわけではないが、この段階で初めて「事件化」された。これには政治家、知識人、教育関係者、そしてとりわけメディアがかかわったとの感が深い(Deltombe, 2005)。左翼とみられるジャーナリズムがことさらにライシテへの危機を強調し、さらに原理主義に言及さえした。たとえば定評ある週刊誌『ヌーヴェル・オプセルヴァトゥール』の主筆ジャン・ダニエルは早い段階で、スカーフを擁護することはコーランの規律に屈することであり、イスラーム原理主義を利することである、と断じた(26. Oct-1. Nov., 1989)。そして同誌をはじめ少なからぬメディアが、「娘たちの背景」を読み、暗に「イスラミストの戦略」との関連づけを行った。

ジョスパン国民教育相(当時)は、一〇月、コンセイユ・デタにこの措置の適否への判断を仰ぎ、後者の正式見解が一一月に示された。要点は、公役務にほかならない公立学校カリキュラムや教員の行動は、宗教的中立が求められるが、生徒たちは信教の自由をもち、学校の中でも自分の信仰を表明する権利があり、宗教による生徒の差別をしてはならないとした上で、宗教宣伝にあたらないかぎり、また授業等の学校運営に支障をおよぼさないかぎり、標徴を身に着けることはライシテ原則に反しない、とする。同見解は、ライシテを公役務により強く求められる原則ととらえ、生徒の信教の自由の規制にならないよう慎重な配慮をもとめ、問題の政治化の防波堤たろうとしたとみることもできる。

一方、フェミニストたちの見解は、スカーフ＝「男性支配への服従」と位置づけるだけに、ライシテ論者よりも時にはるかに「スカーフ」に厳しかった。そして、教職員組合も、共和国的学校の信奉者、フェミニスト、反原理主義とさまざまな流れを含んでであろうが、鮮明にスカーフ規制の側に立った。

なお、クレイユでは後に女生徒たちは学校にもどることになった。しかしその後、断続的に、「イスラームのスカーフ」を理由として退学等の処分が国内各地で起こっている。九四年、当時の国民教育相フランソワ・バイルーはインタビューに答え、こう語った。「私の最初の反応は、理解し寛容を保つというものだった。〔スカーフ着用は〕個人的な宗教実践のやり方だと思っていたのだ。ところが、さまざまな証言、証拠があって、スカーフが原理主義者にとって本当に意味しているものをもはや無視はできなくなった。着用をこばむ女性には死への脅しまでがかけられる。……そこで、いかに困難があろうとも、ノンというべき時だと感じたのだ」(*Nouvel Observateur*, 3. Nov. 1994)。じじつ、九四年九月、「宗教信仰へのささやかな個人的愛着」を示す着用は許されるが、宗教宣伝の要素をなす、「これみよがしの」表示は禁止されるという大臣通達が発せられた。なお、この通達による制限は、着用禁止の立法を求める保守中道勢力の一部議員に、それを断念させるという意味もあったといわれる(小泉、一九九八、二〇〇七〜二〇〇八)。

「ライシテ」という言葉がこれほど新聞活字に躍り、人々の口の端にのぼったことは、一九〇五年以来なかっただろう。だが、この間、宗教と公教育の関係如何という問いとは異質な議論がつねに裏で支配していた。表向きの言説はともかく、バイルーが率直に語ったように、原理主義の脅威への対抗という政治的文脈づけが働いていたのである。ただ、この「脅威」を公人が語るにあたり、納得のいくような説明責任がきちんと果たされたか。それにはつねに疑問があったといわざるをえない。

カトリック教権に抗して

ここで確認のために、原点をふりかえっておく。ライシテの観念は、歴史的に、デカルトからヴォルテールまでの古典的な良心の自由論や批判精神に淵源をさぐることもでき(Pena-Ruiz, 2003, 21)、旧制度下の最後の時期に公布された、主にプロテスタントにかかわる「寛容令」(一七八七年)も無視されるべきではないが、より重要なのは、フランス革命時の、宗教信仰から切り離された市民の理念、民事基本法(一七九〇年制定、教会を国家管理の下に置き、司教・司祭に宣誓をもとめ、司祭の選出を民衆の投票に委ねた)とのかかわりではなかろうか。これを「宗教を国家に服従させようとする革命政府の意志」(木崎、一九九七、二七七)ととらえるなら、教会の国家管理というフランス伝統の「ガリカニスム」にもなにがしか関係するだろう。注目すべきは、一七九二年九月の立法議会で、「市民」の資格がいっさいの宗教信仰とかかわりなく認められると決議され、国内に住むプロテスタントやユダヤ教徒が、他と区別されない共和国市民となったことである。これをもって、ライシテと「平等」との有意味な結びつきが初めて生まれる。ここで確認されたのは、「平等主義と個人主義」であって（Benbassa, 1993, 132）、これが以後、共和国の原理に中心的位置を占める。

したがって、市民生活におけるライシテの貫徹が「平等」と有意味にリンクするのは、特定宗教信仰のためにその信者グループが市民権から疎外されるといった場合であろう。この意味で、当時から今日にいたるまでユダヤ系市民は、ライシテを彼らにとっての「平等」の重要な手段ととらえている（信仰を実践し戒律も厳しく守る「正統派」ユダヤ系にとってもそうであるかどうかは明らかではない）。しかし、共和制が確立し、その後全般的に生活の世俗化が進んで、社会のマジョリティ－マイノリティの分割線が宗教のそれに必ずしも対応しなくなると、ライシテを平等の見地から意義づけることの意味は薄れる。

さて、エミール・コンブ内閣の下に一九〇五年に成立したいわゆる「政教分離」（Séparation de l'Eglise et de l'Etat）の法は、背景に移民もイスラームも関係していない（ちなみに、当時の植民地アルジェリアでは、ムスリムであることがフランス市民権の制約となる差別体制がとられていた）。同法は、久しく政治、社会、教育界を支配してきたカトリック教権に対し、共和制的諸原理を最終的に防衛、確立することをもっぱら眼目とした。カトリシスムがしばしば、反共和主義＝王党主義と同義だったことも忘れられてはならない。

そして、教育については、それに先立つ、ジュール・フェリー、ワルデック＝ルソーらの下で進められた教育の世俗化の法制化が重要である。一八八一年、初等教育の無償が決定されるとともに、司祭や教団所属者は、教員免許状をもたないかぎり小学校で教えることはできないこととなった（レオン、一九六九、九六）。翌年の法律による初等教育の教育課程の非宗教化（たとえば宗教教育の、世俗的な道徳・公民教育への置き換え）とあいまち、学校教育からのカトリックの排除の企てが本格的に進む。政教分離法制定の前夜の一九〇四年七月には、教育を主な活動とする修道会の禁止の法的措置さえとられ、その経営下の数千の学校が閉鎖されている（Darcos, 2005, 43）。

政教分離法自体には、教育への直接の言及は少なく、むしろ、「信仰の自由」の宣言（第一条）に続いて、条文の多くが国・県・自治体の宗教予算の削除、教会財産や信徒会の扱いにあてられている。二五条、二六条で、それぞれ、公道での聖儀、示威の禁止、公共の場所での宗教的紋章・標識の禁止、が定められている（石原、一九六六、一二八〜一二九）。教育現場でのライシテの実現が、ヴィジュアルにどういう措置を伴うかはある程度は推測される。じじつ、公立学校の教室の中に飾られた十字架やキリストの磔刑聖像はすみやかに除かれていく。しかし、児童や生徒の振舞い方、装い方にかんする規定はなく、その後も、ことさら法的に定められることはなかった。

なぜ以上の過去をわざわざ振り返ったかというと、ライシテとは、組織された教会権力を通して特定宗教の影響力が政治、行政、公教育などに行使されることを阻止するための原則だということを確認したいからである。これと同じことが、二一世紀初頭のフランスに起こっているのだろうか。筆者のみるところ、事態は異なると見ざるをえない。

フランス・ライックと移民

こうした政教分離路線をとるフランスに、一九世紀末から多くの移民が流入してくる。カトリック系移民(イタリア、スペイン、ポーランドなど)、次いで若干のマグレブ系もこれに続く。そして適応の問題が生じるが、むしろ彼らのほうがライックなフランスに戸惑いを覚えたというのが実際だろう。

一九二三年、ポーランドのガリツィアの農村からフランスに出稼ぎに発つヤン・スタピンスキーは、募集当局から召集され、出発前のミサで聖職者から、「神を締め出してしまった学校をもつフランスの不信心に染まらずに」、彼らが「完璧なキリスト教徒、ポーランド人」であり続けるように、との訓戒を受け、やがては母国から聖職者が派遣されるだろうということを知らされる(Anglade, 1976, 33)。じじつ、彼らが腰を落ち着けるロレーヌ地方の鉱山町オストリクールには、ほどなくしてロコスキー神父が到着し、ポーランド人労働者のためにミサを挙げ、彼らを指導するようになる(*Ibid.*, 42)。

イタリア、スペイン、ベルギーなどからの移民の場合、故国から離れ、たびたびの移動を経験することで、教会離れ、宗教離れを起こすケースも少なくなかったが、それでもフランス市民に比べると、宗儀を守る者《プラティカン》の比率はより高く、これがイタリア移民の間では半数に達していたという数字がある(Schor, 1996, 99)。「多くの外国人はこれみよがしの宗教儀礼に執着しつづけていて、歌唱を伴う公道でのたいそうな行列行進を好んだ。聖職者には深い敬意を表し、その手に接吻したりした。これらの行動は、キリスト教離れを起こしているフランス人を驚かせ、ショックを与えた」(*Ibid.*, 100)。ちなみに、右の政教分離法では、葬儀を除いて、公道における宗教的行列行進は禁止されていた。ただ、イタリア系やポーランド系の行うそうした聖儀が、官憲の干渉を招くといったことはなかったようである。

ムスリムの場合はどうだったか。第一次世界大戦で、アルジェリア人約一七万人が戦線に加わり、内二万五〇〇〇人が戦場に倒れた。また一二万人が労働者として銃後の生産に携わった。これが、フランス本土に北アフリカ・ムスリムが登場する最初の契機となり、戦後、多くは帰郷させられるが、また来仏する者も増えて、一九二五年には約一〇万人に達していた。彼らはフランス政府の神経質な監視の対象とされたが、政府はまたこのムスリムの戦時の貢献に報いるという政治判断から、今も五区の住宅街の中に光塔がそびえるパリ・モスクの建設(一九二六年完成)に事実上大幅な援助をしている。ライシテの原則からすれば異例であるが、名目上は、モスク建設への援助ではないとする措置がとられたのであった(小泉、一九九八、一七一〜一七二)。

スカーフ着用の意味の多様性

ここで、現代の状況に照らして、考えてみたい。公生活の領域で非宗教性の原則を守るという点で、形式的に同じであるように見える。だが、立法が規制しようとした対象のオーダーは違うのではなかろうか。くりかえしていえば、一九〇五年法では、「教会」と「国家」の関係の規制が眼目であり、巨大な、ローマにつながる超国家的でもある権力、カトリック教権がその対象だった。言ってみれば一個の権力への対抗なのであった。だが、今日のライシテはムスリムという信者行為者の振舞いの規制へと向けられている。しかもイスラームは、この社会においてはマイノリティの宗教である。

政教分離法には宗教的標徴を身におびて公的な場に立ち入ってはならない、とする規定は設けられていない。もともとライシテの命じる禁止義務は、個々の信者の振舞いによりも、宗教機関や宗教指導者の行為に向けられていた以上、当然のことである。そして、ライシテが個における内面の信仰を完全に保障するとする以上、信者がある衣装や標徴を身に着けることの意味も、世俗的な、類型化された意味解釈ですませてよいかどうか慎重でなければならない。また、もっぱら学校側にその解釈の権利を認めることにも問題があろう。たとえばチュニジア系女性ジャーナリスト、F・ズアリは、イスラームのヴェール着用に対する世上の解釈を、こう列挙する。「家族の独裁への屈従」「性差別」「コミュノタリスムの表徴、かつ挑発者」「フランス共和国への恐怖」「イスラム主義者の陰謀」等々(Zouari, 2004)。果たし

パリ・モスク

ていずれが真実なのだろうか。また、だれがそれを決めるのか。

P・ヴェイユは、「スカーフが男女平等に反する」という解釈を取り上げ、こう述べる。

「そうした解釈は、多様な意味をもちうるはずの宗教的表徴に強引な解釈を押し付けるものだろう。なるほど多くの女性には、ヴェールは男性の女性支配の現れであるとしても、それはまた(他の女性からはそう実感され、理解されて)自由な信仰の現れでもありうるし、男性の圧力に抗する手段、宗教離れした親族や俗なる西欧社会に対し一個のアイデンティティと自由を表現する手段であるかもしれない。宗教的表徴に解釈を下す権利は国家にはない。なお、もし女性差別だからとしてヴェール着用をやめさせるというなら、単に学校内だけではなく、社会全体でこれは禁じられるべきだろう」(Weil, 1991, 67)

重要なことは、ヴェールを着けるという行為に当人たちがこめている意味は多様だとみるべきで、かつその意味を「これこれなり」と解釈する権限が学校あるいは国家にはない、とする点である。じっさい、このヴェール着用の「なぜ?」については、多くの答えがあり、多くの解釈がある。原理主義的というレッテルを貼られることもある「フランス・イスラーム組織連合」のなんらかの影響下にある者もいるかもしれない。だが、この問題の特異な点はまさに、行為当事者たちが一一〜一五歳程度の少女であって、自分の行為にみずから意味づけし、論理化し、言語化して表現しうるかどうか確かでないという点にある。

一〇年前のことになるが、F・ガスパールとF・コスロクハヴァルは、移民出身ムスリム少女たちのスカーフ着用の「なぜ」について三つの意味づけのタイプがあると観察した(Gaspard et Khosrokhavar, 1995, 37ff.)。第一は、親の命令に沿いながら、外出(社会参加)を可能にする手段として着用するもの、第二は、単に純粋に親の課する拘束に従う行為として、そして第三は、自律的な、自らの要求として着用するもの。そして第三のそれは(インタビューを通じての確認として)一六〜二五歳の女性にみられる、としている。ということは、コレージュのレベルの通学生徒は、まず第一か、第二の意味コンテクストで着用するとみなしうるということである。そのインタビューが再現しているナシラ(モロッコ系、一三歳)は、父親が塗装職人という、平均的な移民労働者家庭に属する(*Ibid*., 96)。

Q　「お父さんがスカーフを被るようにというわけね?」
ナシラ　「ええ」
Q　「あなた自身はどう思うの?」
ナシラ　「被りたくないわ」
……
Q　「では、スカーフを被るのはいやいやながらなのね」
ナシラ　「ええ。だって、この宗教を信じていないんだから」
Q　「ご両親はなぜあなたに被らせるの?　ご両親はムスリムなの?」
ナシラ　「熱心な信者よ」

ナシラの親が、単に戒律を守ることに厳しい熱心な信者なのか、それとも特別に原理主義的な現状批判思想をもつ人なのか、それは分からない。また、コレージュの生徒たちを自律の意思をもった行為者としてとらえることはむずかしく、そのことは、問題を考えるさいに銘記されるべきである。スカーフ着用を娘に強制する親、またはその他の者が「原理主義」に親近性をもつ者であればどう判断するかという問題が立てられる場合、議論は別のレベルに移行する。だが、親等についてその点を明瞭に検証している例はほとんどない。

先述したコンセイユ・デタの見解が、「これみよがしの」(ostentatoire)表示、プロパガンダと解されうる場合にのみ禁止できる、とするが、メディアが拾う彼女たちの言葉少ない発言に、そのような意図を語るものはない。

たとえば、ル・モンド紙が、新法の発効する二〇〇四年の新学期開始前夜のリセ生徒アスマの声として伝えるものは、とうてい「宗教宣伝」(prosélytisme)などといえるものではない。

「明日どうするかですって? 学校に入る時は脱ぐつもりだけど、そこまではやはり着けていくと思いますよ。この法律はひどいです。自分の宗教のことを他人に話すことはありません。個人的なことだし、なんの迷惑をかけるというんですか。……きっと思わず脱ぐことになるでしょう。……仕方がないわ。学校を辞めるわけにはいかないしね」(二〇〇四年九月三日)

スタジ委員会報告の曖昧さ

二〇〇三年七月、大統領シラクは、「フランス共和国内におけるライシテ原則の適用にかんする検討委員会」という特別委員会を設置した。ベルナール・スタジを委員長に、一九名の各界の委員からなるもので、移民問題の専門研究者に、J・コスタ＝ラスクー、D・シュナッペール、G・ケペル、P・ヴェイユなどが含まれ、著名な社会学者としてA・トゥレーヌの名もあった。

なぜこの時期にこのような委員会が設立されたのか、理由は必ずしも明らかではない。T・デルトンブは、この設置には、それを必然化するような八九年の「スカーフ事件」や九四年のバイルー通達のような「きっかけ事件」が欠けていたし、〇三〜〇四年という時期は、そもそも学校でのスカーフ着用の報告件数が減少していた時期だった、と指摘している(Deltombe, 2005, 344–345)。とすれば、この諮問じたいが、なんらかの政治的思惑によっていたかもしれない。ただし、二〇〇三年には、女性専用の市営プールの要求、男性医師を拒否する病院産科でのトラブル、レビ姉妹の退校処分など、いくつかの出来事は国内で起こっていて、政治家、識者、一般の世論もこれらに刺激されていたといえるかもしれない(国末、二〇〇五、一六七以下)。

スタジ委員会の検討は、多方面におよんでいて、報告書(Commission présidée par Stasi, B., 2004)には、「社会的差別、都市の差別との闘い」「多様性の尊重」「公共サーヴィスの確保」「人種差別的・反ユダヤ主義的行動への断固たる制裁」「イスラーム研究の高度化」「食物にかんする宗教的要求への配慮」「葬儀にかんする宗教的要求への配慮」などの項目があがり、提言が付されている。

そのなかで注目されるのは、「学校で」と題されたパラグラフである。ここでは、学校関係者、教師たちのヒヤリングによると思われる校内の出来事が、次々とあげられている。週のある一日の毎週欠席の承認を求める要求、祈りや断食のための講義や試験の中断、歴史や理科のカリキュラムへの異議申し立てによる授業の混乱、体育・保健の時間を休むための怪しげな診断書の提出、試験中男子監督者の身分証明書チェックや質問をこばむ女生徒の引き起こす混乱、等々。「これらすべての態度は、直接行動主義的少数派にしかみられないとしても、違法なのである」(*Ibid.*, 92)。なぜ、「違法」(illégal)という言葉が飛びだすのかについて説明はない。

これらのパラグラフを冷静に読むなら、報告書のいうようにムスリム生徒に右のような問題行動があったとしても、それを宗教宣伝とみなす根拠は薄弱ではないかと感じられる。女生徒たちは、彼女らを取り巻く「異教」社会にさまざまな不満、抵抗感を抱いているようであるが、それは、宗教宣伝意図による学校秩序の攪乱などと決めつけず、対話を通して教育的に対応すべき事態ではないだろうか。また教育社会学の定説として、恵まれない階級出身の子どもたちの示しがちな「反学校」文化が、そこにしのびこんでいる可能性もある。右にあげられている「反抗する生徒たち」は、イスラーム信仰およびそれに根ざす別の世界観や権利を主張しているとみるべきだろうか。これは過剰解釈ではないかという疑問をぬぐえない。それに、少数の事例を一般化するという、この種の報告のおちいりがちな傾向をどこまで免れているか、データが量的に提示されていないので確認の方法もない。

その上で、いささか「飛躍」を感じざるをえないのだが、同報告は、宗教的標徴禁止法を、次のような見地から是認する。「良心の自由の尊重」のため、「公立の小学校、中学校、リセで、宗教的ないし政治的所属を顕示するような服装や表徴は禁止される。なお、これへの制裁は、行為の軽重に応じたものでなければならず、児童・生徒に義務に適合するように説き勧めることなしに、行ってはならない」(*Ibid.*, 149)。これが先の法の内容と符合している。

以上の確認について委員会は全員一致とはならず、一名の保留があったと報告されている。

教育を受ける権利を奪えるか

移民たちとの関連で、「反スカーフ法」の問題点をあげてみたい。

まず、スタジ委員会関係者が語るように、報告は二六の改革措置を提言したが、シラク－ラファラン政府はここから「反スカーフ法」だけを採ったといわれる。九〇年代の高等統合審議会(ＨＣＩ)で強調されたことであるが、イスラーム移民たちの貧しさ、彼らのこうむる社会的差別や文化的軽蔑を現状のままに放置し、スカーフ着用のみを非とするのは不十分だという認識は、多くの委員に共有されたという。だから、提言には「人種差別への断固たる制裁」「イスラームに関する高度な研究の発展」といった項目も含まれている(*Ibid.*, 138–139)。しかし、政府の意図は、まず反スカーフの強い措置を取ることにあり、移民の状況改善は二の次とされた。

次に、女生徒たちのスカーフ着用の理由を国家が決めることの危険を承知する一方で、このような法制化が承認されたことは、これを支持する委員会メンバーにある方向性をもった共通判断があったことを意味する。メンバーの一人のヴェイユは、先のかれの見解にいささか反するのではないかと思われるまでに、こう述べる。「われわれのほとんど全員（一人を除いて）に、国家よりはしばしば地域レベルで実感される一現実に直面しているという感情がある。それは、ヴェールを着けること、または他者にこれを着けさせることがもはや個人的自由の問題ではなく、公立学校をその主戦場に利用しようとする諸グループによって仕組まれた戦略のテーマになっているという感情である」(Weil, 2005, 69)。A・トゥレーヌもまた、「学校における急進的イスラミスムの台頭にストップをかける必要」という一点では選択の余地はなかった、と語る(Renault et Touraine, 2005, 77)。

ここでも公的意思決定をした委員として必ずしも十分な説明責任は果たされていない。公立学校に狙いを定めるイスラーム勢力の戦略が実際にあるかどうか。百歩譲って、あるとしても、スカーフ禁止が、政教分離の本来の精神にかない、かつ原理主義と戦う有効な方法となるのだろうか。むしろ対症療法なのではないだろうか。委員会の中で少数派だったと伝えられる歴史家のJ・ボーベロ見解が、この禁止法の短絡性という問題をとらえていると思われる。

「……一九〇五年の法律で、政教分離は確立した。問題は当時イスラム教徒がほとんどいなかったため、教会という権力構造を持たない宗教を念頭に置いた政教分離の形が、十分検討されなかったことだ。……イスラム原理主義の危険性も私は否定しないが、彼らがつけこむのは差別や排除の構造だ。特定の宗教グループを排除しない政教分離のあり方が真剣に検討されるべきだ」（朝日新聞、二〇〇五年一月一二日、傍点宮島）

法案に反対する諸声明のうち、E・バリバール、P・バタイユ、F・ガスパール、G・ノワリエル、

Ｐ・シモン、Ｐ・ヴィダルーナケら専門研究者の署名するそれは「ライシテとは……学校、カリキュラム、教員について義務を課するもので、生徒に課されるものではない」と訴えている（Bouamama, 2004, 170）。

圧力、脅威を現実に受けてスカーフを着用している女生徒がいるとして、どうすべきなのか。客観的には、彼女たちは一種「ダブルバインド」的状況におかれた犠牲者ではなかろうか。なすべきことは、むしろそのような外の力から彼女たちを保護することであろう。とすれば、女生徒たちを苦しい選択に追い詰めるのは教育的ではない。退学にまでいたるような禁止が優先されてよいかどうか。あるいは、学校の説得にもかかわらずスカーフに固執する者は、もうそれら外部の力の共犯者とみなすべきなのか。公教育を守るために追放＝退学に処すべきなのか。筆者には法制化の含意はそのようにも読めるが、女生徒をそのように「共犯者」視することは、さらに教育的ではない。

それに彼女たちが義務教育下にあるという事実をどう考えるべきか。ちなみに日本では、義務教育課程で退学という処分は認められていない。最終的に起こりうる退学処分については、これまでも人権同盟や一部の知識人から抗議が表明された（コスタ＝ラスクー、一九九七、三六）。教育を受ける権利は基本的人権の一つだからだ。強い説得、あるいは宣せられる処分は、ともに年端もいかない少女たちに強い精神的トラウマを引き起こすだろう。それを恐れる心情が、先のアスマの言葉にもうかがえる。

学校から「追放」された生徒たちの運命はどうなるのか。三つくらいのタイプが指摘されている。

それは、通信教育制度へ、または私立学校による受け入れへ、さらには全く私塾的位置しかもたないコーラン学校へ。社会学の逸脱理論の常識からいえば、こうして公立学校というノーマルな場から排除された者が、その居場所を失い、さらに周辺の世界に生きなければならないという「二次的逸脱」へと進まないとは考えにくい（ベッカー、一九七八）。この場合、考えられる「逸脱」について、ある論者はこう述べる。「この法は、これを支持する多くの人々の意思にかかわりなく、よりいっそうのコミュノタリスムとスティグマ化を生み出すという客観的結果をもたらすことだろう」(Bouamama, 2004, 25)。

スティグマ化によるマイノリティの一層の周辺化

ここで再び立ち返る必要があるのは、移民マイノリティとしてのムスリムの位置と、スカーフ禁止論とのかかわりである。

人口のなかでほぼ一割を占めると目されるムスリムは、必ずしも等質的集団ではないが、社会学でいうマイノリティ性を脱してはいない。第二世代にいたっても、フランス社会のなかでは、マグレブ系、アフリカ系（特にソニンケ）は、肌の色、名前、そしてイスラームであることによって、差異化され、差別されやすい存在である。学校的成功者も生まれてはいるが、文化資本上の不利とレイベリング（レッテル貼り）の相乗作用によって反学校的になるか、ドロップアウトする少年の比率は相対的に高い。文化資本についていえば、親たちの多くが、母国でもディプロームを得ていない、リテラシーに問題をもつ労働者・農民階層の出身であることは看過されてはならない。よく「ファール」の名で呼ばれる第二世代ムスリムは、その学校でのアチーブメントは、他の社会集団に比べはるかにバラツキが大きいことが知られている。成功していくブァールについては次に述べるが、コレージュに入学する彼らの二〇〜二五%はフランス語の読み書きが授業についていくのにかなり不十分であるという報告もある。

一方、「ブァールジョアジー」(beurgeoisie)などと皮肉をこめて呼ばれる、上昇途上のムスリムも生まれていることは一部の注目を惹いている。バカロレアを取得し、しばしば高等教育修了で、フランス的学校文化の下での社会化を多くの態度、行動に反映している人々といってよい。その典型像は、「アラブ人としてパレスティナの出来事に無関心でいられないし、ムスリムとしてはボスニアに起こっていることは他人事とは思えない」と語り、コミュニティ意識を残しながらも、その忠誠心はフランスに向けている、といったマグレブ青壮年である(Wihtol de Wenden et Leveau, 2001, 135)。こうした層の学校的成功を可能にする背景要因については、すでに八〇年代にZ・ゼルルーが明らかにしており(Zéroulou, 1988)、祖父の職業、家族の教育観やハビトゥスの合理性が注目されている。彼らは、フランス共和国の主要な価値原理とすでに折り合いを付けていて、ライシテについても同様である。ことに女性であれば、十中八九がまちがいなく、イスラームのスカーフ着用を「屈従の印」として批判する立場に立つ。こうした親との対比で、コレージュに学ぶ一般ムスリム生徒の社会的背景をとらえると、その親は、イスラーム規範のより強い層であるといえる。

フランス社会の側は、それを単に批判し、「危険な」意図を帰属させ、禁止さえすればよいのだろうか。ただでさえイスラームであることをもってスティグマ化されやすいこの移民集団に、宗教的表徴禁止法はいっそう「共生困難」な人々というイメージを貼り付けている。フランス市民にとってイスラームとはなにか。それは多分に、「他者」のマイノリティ宗教であり、大衆メディアやナショナル・ポピュリストによって絶えず否定的に着色され、他者化されている宗教でもある。モスク建設が、つねにフランス市民の反対の声を呼び起こすことからもこれが知られる。たとえば、当時筆者も訪ねた、パリ首都圏のマント＝ラ＝ジョリ市の有名な移民多住地区ヴァル・フレでの八〇年代初めのモスク建設の際、市長の認可の後も、「わが町の中の喧騒と不潔の巷になる」という宣伝がやまず、「アラブめ」という蔑称も飛び交った。

そのような背景に加え、今、九・一一後の状況もあるとき、「ライシテ」によるムスリムの行動の批判は、市民の目にさらにネガティヴなイスラームのイメージを焼き付けるのではなかろうか。

最後に、現代のムスリムに向けられるライシテの論への最大の疑問をあげれば、かつて強大なカトリック教会権力の支配と戦うために打ち立てられたこの原理を、マイノリティにほかならぬ移民ムスリムの、それも未成年少女たちに差し向けている点である。この矛盾を回避するためだろうか、少女たちの行為のその背後に隠された、イスラーム原理主義という巨大な権力の存在を想定している。グローバル化という文脈が、それにもっともらしさを与える。

だが、本当にそうであるならば、これへの対応は、学校内ライシテ原則に頼るなどという措置ではなく、もっと全面的なムスリム移民の貧困、失業の除去、社会参加の奨励、イスラームへの偏見の除去、などの措置を伴わなければならない。学校を舞台とする原理主義の脅威という論は、実証されていないため、どこまで信じてよいか見極めができない。「それらしさをもった虚構」が、教育や社会参加の機会を奪われたマイノリティをつくりだしているのでなければ幸いである。この問いは真剣なものでなければならない。

第8章　強まる排除と行動する移民

「移民社会」のインクルージョンの力

移民とその子どもである者の範囲に着目すると、「新移民大陸」ヨーロッパでは、そのような人口総数は三〇〇〇万人は下らないと思われる。それでも、今後の自国の出生率低下・高齢化、ＩＴ技術者の必要などから、新規の労働力受け入れをスタートまたは再スタートさせる国は少なくないだろう。また、「東」の高熟練また専門職の労働力の導入・活用に期待する向きもある。ただし、現状では、ＥＵに加盟した中欧、東欧の国々からの人の受け入れに門戸を開いているのは、イギリス、アイルランド、スウェーデンくらいで、「東」から積極的に労働者受け入れを行っている国は少ない。

定住し、国民化する移民が増えていくという構造的な大きな変化とならんで、外から新たにやってくる人々を受け入れていくインクルージョンの力、仕組み、臨機の措置がどうはたらくか、ということも移民社会の条件として重要である。思い返せば、主な西欧諸国はすでに三〇年以上前に、新規外国人労働者の受け入れを、ＥＣ域内者を除き、停止するという決定を行い、いずれの国もこの状態を公には解除していない。このため、一種硬直化といってよいだろうか、外来者を柔軟に受け入れていくインクルージョンの力は、各国で低下しているように思われる。この点、七〇年当時にはまだ移民受け入れ国ではなく、したがって「新規受け入れ停止宣言」も行わなかったイタリアやスペインは、例外のようである。南からの新たな労働力を、農業労働力として受け入れ、南部スペインでエル・エヒド事件のような衝突も起こしながら、大規模な一斉正規化を数回にわたって行うなど、最近までダイナミックな受け入れの力を示してきた。

この点、フランスはどうだろうか。この国でも、高熟練・専門職雇用（情報処理、研究職など）のみならず建設、土木、ホテル・レストラン、介護等の労働力の外からの補充がただちに必要との分析がある(Centre d'Analyse Stratégique, 2006)。しかし、二一世紀に入っての外国人の入国の特徴は、(観光や短期ビジネスを除いて)家族移動と学生(留学)にほぼ代表されている。「労働移動」は極端に少ない。図８－１では、だいたいそのような型となっている(Régnard, 2006, 5)。

右にいう「労働移動」は、いわゆる常雇労働者のことであり、六カ月を滞在の上限とする季節労働者やそれ以下の三カ月未満の一時労働許可保有者（ＡＰＴ）は含んでいない。それにしても数としては少ない。労働ビザを要しないＥＵ域内者の入国は含まれていない。第三国出身者(右の時点では中・東欧の国々もまだここに含まれている)は、右のような短期就労者ビザによるか、または「学生」とか「庇護申請者」の形をとって入国し、遅れて就労の機会をみいだすことになろう。後者が審査の上

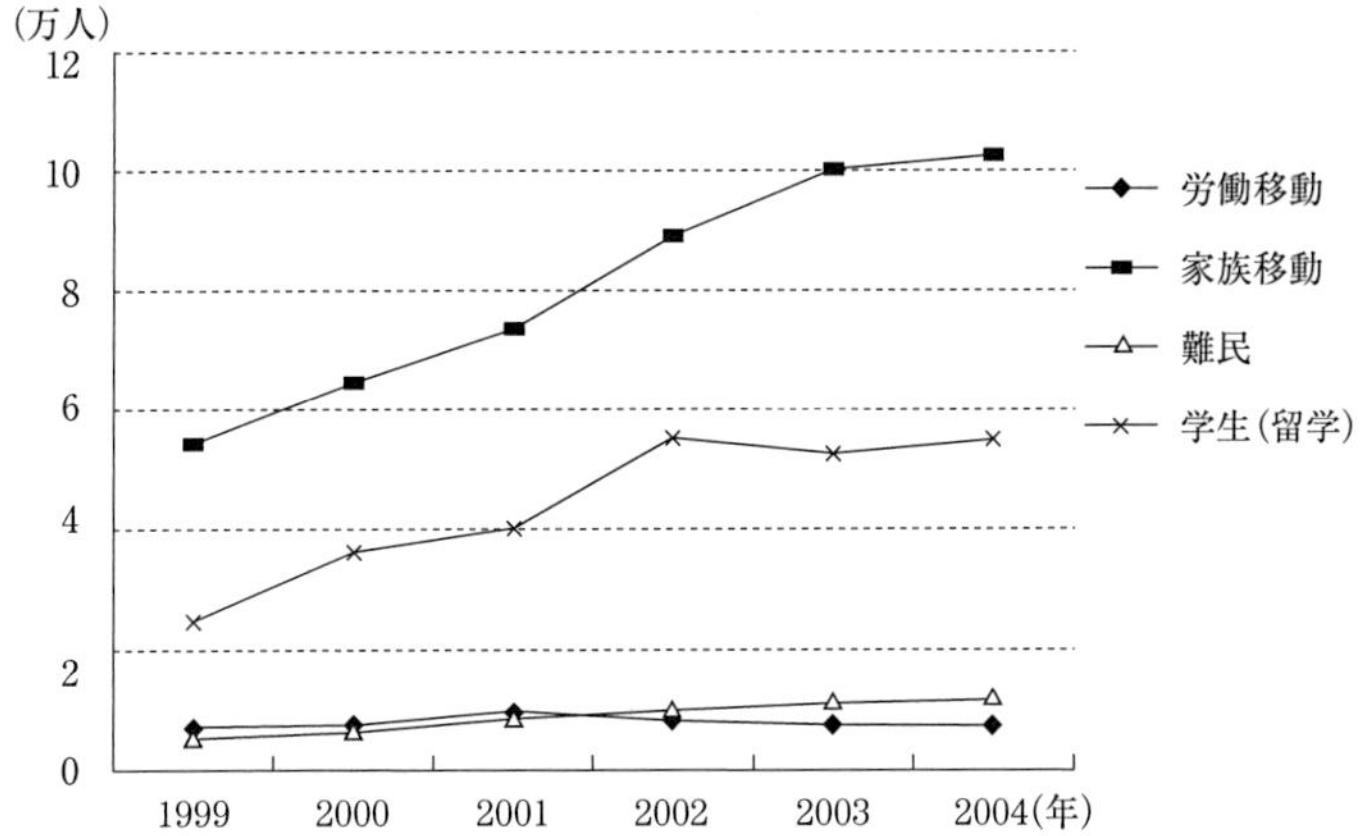

図 8-1　主なカテゴリー別入国者数

注）「労働移動」には，季節労働等の短期労働は含まない．「難民」は，庇護申請者ではなく，難民被認定者を指す．

で「難民」に認定される比率は、〇三年では一四・八％となっている。認定を却下された者は、送還を免れれば、不正規滞在者となって国内に生きるという確率は高い。

「家族移動」はつねに大きな数字を示している。しかしこれはかなり広いカテゴリーであるから、中身をみておく必要がある。それは、㈠離ればなれになっていた外国人家族のメンバーが一体化する家族再結合、㈡フランス人の家族の成員の入国、㈢難民・無国籍者の家族の入国、などのサブカテゴリーを含む。全体で数字は高い水準にあり、女性、子どもの割合は増えつづけている。若干コメントすれば、かつては家族移動の主流だった家族再結合(〇四年で約二万五〇〇〇人)は、そのビザ発給が厳しくなり、審査が長期化している。新移民法により、今後ますますそうなりそうである。他方、フランス人家族の成員としての入国の増加(〇四年で約六万一〇〇〇人)がその倍以上に達する。これは、混合婚(国際結婚)による移動が増加していることを意味するとともに、すでにフランス国籍を取得している移民が、故国から自分の家族を呼び寄せるというケースが増えていることを物語っている。

入国者の出身地からみると、「家族移動」「難民」「学生」を通じ、アフリカが多い。マグレブだけでなく、「難民」などでは、ブラックアフリカが相当な割合を占める。これについて、西アフリカ移民(特にソニンケ系)の専門家のM・ティメラは、一九七四年のフランスの労働者受け入れの「中断」以来の一貫した不可避の傾向だという。「中断」の例外だった「学生」、「庇護申請者」、呼び寄せの配偶者と子ども、そして旅行者という道がとられるのは当然である。そして「いったん入国を果たすと、労働の権利をあたえる滞在の正規化はいわば「ネゴシエーション」の問題となる。いってみれば、不正規性とはしばしば、正規の移民へ、労働者の地位へといたる道行きのなかの過渡的ステップなのである」(Timera, 1999, 96)。ここでは、今日の入国の特徴がまさに「サン・パピエ」を、経過点として生みださざるをえないものととらえている。

アフリカ系だけではない。公式の入国数や滞在数をみても表面に出てこず、つかみにくいが、筆者らがパリなどの街を歩いていて「増えたな」という印象をもつ移民・外国人に、中国人がいる。これがインドシナ難民の華僑系とちがうことは、タンプル通り、サンシエなど比較的都心部で出会うことが多いことから推測がつく。現保守政権の下で正規化の要件がしだいに厳しさを増すなか、二〇〇六年夏、子どもの就学証明書を手に警察に出頭する外国人の長蛇の列の中に、この中国人滞在者がめだって多くみられた。このことは驚きをもって迎えられ、新聞・テレビは写真入りで報道している。いずれにしても、このような移民たちの正規化が以前よりも行われがたくなっている点に、インクルージョンの力の後退を感じるのである。

ついでに、中国人について統計をみると、「観光」以外のビザによる正規の入国者もいるにはいるが、ビザ取得の条件が厳しいため、きわめて少ない。毎年それを上回る庇護申請者の入国(〇四年で約四二〇〇人)が記録されている(OECD, 2006)。これは国別では、トルコ人やアルジェリア人の庇護申請者とならぶトップクラスの数である。当然、難民として認定されるのはごく一部にすぎない。こうして不安定あるいは不正規の滞在を重ねながら、彼らの就いている職業としては、一部ビジネス起業者もいるであろうが、(推測にすぎないが)近年パリの比較的都心部などに展開しているアパレル産業や皮革の縫製労働があるのではないかと思われる。行政も把握しにくい、低賃金工場であるといわれる。今後、その数がいっそう増えていくならば、ビザ問題として論じる前に、労働問題として対応が必要となってこよう。

「ゲットー化」？　都市における集住と分離

移民とその第二世代の大部分は、都市、特に大都市とその周辺に居住する住民である。

そして、この都市人口としての移民の実態にかんするかぎり、いまや一国を超えてヨーロッパ諸都市に共通の特徴が認められる。それは、主に非ヨーロッパ出身または非ヨーロッパ系住民の、集住と他からの分離、そして高失業率である。EUは今日、その構造基金の性格づけと配分先を拡大して、相対的低開発の非産業化地域（代表的には地中海地域）だけではなく、問題を抱えた都市地域にもこれを配分するようになっている。そして、ロンドンとならんでマルセイユが、早くからEUのアーバン・パイロット・プロジェクト（UPP）の指定を受けていた（Tofarides, 2003, 54）。

その後、URBANの名で呼ばれる問題都市地域向けに配分されるようになった構造基金は、フランス内では、ヴァランシエンヌ市、ミュールーズ市、ルベー＝トゥールコアン、マルセイユ市、オルネー・スー・ボア市、リヨン市、アミアン市などに交付されている。移民人口が必ずしも多くない構造不況産業都市も含んではいるが、多くは、移民・外国人が多住で、高失業である都市に該当する（*Ibid.*, 148）。援助を受ける都市では、たいていの場合、住宅、雇用、社会的援助、教育の分野で、自治体と協力しつつ、住民サポートを行っているアソシアシオンが、基金への申請者になり、また受け皿になっていて、その点では他EU諸国の指定都市と変わるところはない（Garbaye, 2004, 178）。ということは、低所得、劣悪ないし不安定雇用、差別、排除などに特徴づけられる都市移民世界については、フランスも決して例外ではないこと、「ゲットー」と呼ぶかどうかは別として、その名をこばめない多くの地域をもっていることを意味する。

保守政権の下でも都市環境の悪化の放置はゆるされず、一九九六年一一月法によって「問題都市地域」（Zones Urbaines Sensibles: ZUS）という優先施策対象地域が定められている。その選定の基準は、

「大規模集合住宅、劣悪な居住街の存在、および居住と雇用の間の著しい不均衡」にあるとされ、全国で七五〇の地域が指定されていた。そして、それらの地域の実際の特性、指標の「悪化」が、一九九九年国勢調査集計をもとに、以下のように指摘されている(Fitoussi et al., 2004, 16–17)。

・ZUSに属する総人口は四五〇万人で、全人口の七・八％。その内の外国人人口は一六・五％を占める。

・その失業率は二五・四％となっている(九〇年の国勢調査では一八・九％)。一五～二四歳ではこれが三九・五％に上る(九〇年には二八・五％)。

・女性の失業率は以上よりいくらか高い。

・外国人の失業率は三五・三％である(九〇年には二八・二％)。

・ブルーカラー労働者の比率は三七・五％である(九〇年には四一％)。

・一五歳以上人口でディプロームのない者は、三三・一％に達する(九〇年には一七・七％)。

なお、九〇年の国勢調査からの推定では、

・ZUSでは、HLM(適正家賃住宅)の入居者が人口の六二％を占める。

・二五歳以下人口の全人口に占める割合は四三％に達する。

とすれば、平均して人口の約半分が外国人＋移民＋その子どもたちで占められているとみられるZUSの特徴は、移民の今日的な状況をかなりよく反映しているとみられる。

つまり、高い比率の若者人口から成り、約三分の一は学業失敗者にあたり、三〇～四〇％が失業中であり、居住環境としては、社会関係を狭めやすい郊外団地、またはインナーシティの劣悪な集住街が主なものとみられる。ZUSでは九〇年に比べ、九九年に失業率、学業失敗率がともにかなり上昇をみているという傾向からして、このまま放置されれば、地域の深刻度がいっそう増すとみられよう。

「サン・パピエ」を放置できるか

以上の現状診断は総括的で、住民の実態はまだよくみえていない。郊外のシテについてはこれまでも触れてきたので、都市の問題地域のなかで、特にインナーエリアの、住宅の質では劣悪な集住街に、HLMに入居申し込みのできない不正規滞在者「サン・パピエ」が多く住んでいることにも目を留めておこう。

九〇年代に注目されるようになって問題化する、字義通りには「書類なき人々」を意味する「サン・パピエ」(sans-papier)は、そのかなり多くがブラックアフリカ系であり、女性、子どもを多く含み、摘発、送還を恐れながら、劣悪な住まいのなかに生活している。と同時に、しばしば住宅、人権保護、正規化を要求する運動者という性格が、かれ・彼女らには認められる。劣悪なインナーエリアの住宅にすし詰めで住むかれ・彼女らは、八〇年代終わりから九〇年代にかけ、「住宅への権利」(DAL)を掲げる運動を起こし、主にパリ市内で自治体や公営住宅管理機構が所有する空き家を占拠していった(稲葉、二〇〇二、Mahnig, 2004, 23)。

それゆえ、「サン・パピエ」は、客観的なカテゴリーというよりも、運動者の視点を映す対象規定であり、命名である。かれ・彼女らが「不法者」(illégaux)ではなく、この名で呼ばれるのは、あるいは自ら呼ぶのは、それゆえである。哲学者エティエンヌ・バリバールのように、サン・パピエの勇気、問題提起力、要求の正当性を強調し、支持を表明する知識人もいる(バリバール、二〇〇〇、三三〜三四)。ただし、その「サン・パピエ」の表象が、複雑な実態から離れて、「戦う移民」として一人歩きしがちな点は、注意しなければならない。

この人々が不正規状態におちいっている経緯にはさまざまなものがあるが、最近の代表的なケースは、次のようなものだろう。

呼び寄せによる家族の来仏の条件が時とともに厳しくなり、フランスにいる夫の職の安定性、収入、適切な住宅、呼び寄せ家族の範囲、一夫多妻でないこと、などが許可条件となり、現地でのビザの発給の審査に長時間を要する傾向がある(GISTI, 2005, 187−196)。このため家族がしびれを切らし、相応のビザなしに来仏するケースが多数生まれている。その場合も、フランスの伝統である「正規化」が、到着後自分たちになされることへの期待があった。

しかし、今世紀に入り、保守政権の下で従来の正規化措置への見直しが進む。「家族がその地位の正規化を希望する場合、妻とその同伴家族はいったん母国に戻り、手続きをし、その申請が認められるまで待たねばならなくなっている。が、これは簡単ではなく、それくらいなら、と妻たちは、たとえ不正規の状態であってもフランスにとどまろうとする」(Minces, 2004, 10−11)。

ただ、事が子どもの問題にも及び、二〇〇五年から〇六年にかけて不正規滞在者の児童・生徒の送還までが政府から示唆された段階で、NGO「国境なき教育ネットワーク」(RESF)が活発に動き出し、世論も敏感な反応をみせた。ミッテラン政権発足直後の八一年五月、モーロア内閣の内相ガストン・ドフェールは、その通達で、フランスで生まれた外国人と一〇歳未満で来仏した外国人は、「いかなる理由であれ」送還しえないものとする、と命じていた(宮島、一九九七a、一七二)。従来なら、むしろ子どもがいることによって、不正規滞在の親たちも正規化されていたのであるが、その人道的な慣例が破られる形となった。RESFの呼びかけに答え、教師や父兄が続々と、送還対象となりそうな子どもたちを匿う里親を申し出たとされる。送還の恐れがなくなったわけではないが、人道的イシューとなったこの問題へのフランス市民の反応は、さすがと思わせるものがあった。

政府の対応も一本調子ではいかず、子どもをもつ家族の場合、子どもの就学証明書があれば正規化がなされるとされ、先にも記したように多くの家族が出頭してきている。だが、それで確実な保証があるかどうかは明らかでなく、疑心暗鬼を呼んでいるのは事実であるが。

このほか、サン・パピエには、一〇年以上の滞在歴を理由に正規化を期待する者、難民としての申し立てをし、認定を求める者、なども含まれる。CIMADE(第二次大戦中にユダヤ系市民をアルザスなどドイツ占領地から脱出させるためにつくられた、フランスで最も歴史のある人権NGOの一つ)やキリスト教会の支援を受け、パリ市内の教会内に座り込みを行い、メディアに訴えるなどの行動をとってきた。

新移民法が施行されて、一〇年以上の滞在者にこれまで行われてきた正規化がストップされれば、どうなるか。これにより、不正規滞在者の摘発、退去強制が常時行われるようになることも考えられ、これを逃れようとすれば、住み続けるかれ・彼女ら、およびその子どもたちの生活が、より「地下」化する恐れがある。これは最悪のシナリオではないだろうか。この問題を放置できるか。

自助活動によって支える

フランスは、ヴォランタリーな結社の活動が自由に活発に行われてきた国とはいえない。集権化された強い国家と、市民個々人との間に、自律的な組織が育ちにくい事情があり、それはジャコバン的体制と無関係ではなかった。イギリスや、さらにドイツに比べても政党や労働組合の発達が遅れるほか、自発的結社が競い合って自由に活発に活動するといった光景はあまりみられない。外国人の結社には特に監視が厳しく、八〇年代までは許可制の下に置かれていた。それを廃止し、八一年に外国人結社の「自由化」(届出制)に踏み切ったのは、ミッテラン政権の英断だったといえる。

おそらくこの自由化後だろう、パリやリヨンの郊外の町で、団地の一隅を借りて移民の子どもの落ちこぼれを防ぐための補習教室が開かれたり、ロックバンドのグループが活動を始め、フランスの第二世代らしい「ヒップホップ」グループの活動が展開されるようになる。生まれたばかりの反人種差別結社「ＳＯＳラシスム」系のグループの集会や学習会も、それらに交じって散見された。移民青年たちの結社は、特に地方政治に進出しようとする「国民戦線」(ＦＮ)への抵抗を目的とすることも多かった(Wihtol de Wenden, 1999, 132)。

こうして、移民の青少年たちが、「上からの」管理の対象でも、単に援助を受ける客体でもなく、自らでアイデンティティ、生き方をみつけようとする存在となったのは重要で、注目してよい側面である。結社の諸活動への財政支援の大元として重要なのは、やはりFASILDであるから、公的援助のウエイトが大きいが、自治体の補助金や、EUのURBANプロジェクトからの援助が彼らに届くこともある。

ただ、若者の文化活動は、流行、盛衰が激しいうえ、彼らの社会的存在を反映する不安定さをまぬがれない。二〇〇六年に訪れたマント＝ラ＝ジョリで、妻がコレージュの教師をしているという男性(かれ自身はエンジニア)が、筆者に感想を語ってくれた。「親の国のことはよく知らず、フランス人であるとも確信できず、アイデンティティ不在が特徴で、日常、差別や排除を感じることが多いためか、文化活動といっても過激な批判や拒絶にいきがちだ」と、青年たちをみる。「しかしその〝過激〟な歌詞のラップを、「暴力肯定だ」などと危険視するのは、彼らの経験に目をふさぐものだ」と、最近の保守政治家の言動には批判的だった。これは他の観察者の見方(森、二〇〇〇)ともだいたい一致する。グループが割れるなど、離合集散はつねなるようで、くわえて、半失業の現実がなくなっているわけではないから、自助といっても青年たちは安定した生活のパターンはもてないようである。

それに比べて、不可欠性、生活密着性のゆえにより持続性、安定性のあるグループやネットワークを形成しているものに、「女性仲介者」(femmes relais)と、その援助を必要とする適応途上の女性たちとの関係がある。筆者はそうした活動をボランティア的に行っているモロッコ系学生のレイラの経験を聞いたことがあり、伊藤るり氏は、コンピエーニュ、アミアン、ストラスブールなどの都市でのこのネットワークの活動状況を調査した(宮島、二〇〇四b、一〇〇〜一〇一、伊藤、二〇〇〇)。この「仲介者」には、同じ移民出身でも、フランスで教育を受け、言語能力、社会的知識にすぐれ、自らも子育て経験をもっているような女性があたっているケースが多く、家族呼び寄せで途上国からやってくる三〇、四〇代の女性たちに生活相談、助言、通訳、役所での手続きへの付き添いなど、ひじょうに重要な役割を果たしている。滞在資格などで区別しないからもちろん「サン・パピエ」の女性たちを援助したこともあったはずだ、とレイラはいう。

女性仲介者の活動も、個人的な善意だけでは無理であり、財政的バックアップが必要である。シモーヌ・ヴェイユ厚相の下、一九九四年から政府の補助金が、NGOの経由で彼女らの雇用にあてられるようになった。NGOは、地方自治体やEUにも援助を申請しているが、非政府・民間の強力なNGOがなかなか育たないフランスでは、政権交代などで国の姿勢が変わって援助が細ってしまう事態がつねに懸念されている。移民が自助的な活動を展開するにも、フランスの条件はあまりよくないといえる。

「フランス人になること」の受益者と非受益者

フランスの外国人・移民の統合政策において、「国籍」の付与または取得に重要な意味があたえられてきたことは、これまで強調してきたとおりである。けれども、国籍取得はヨーロッパ系移民と、非ヨーロッパ系移民とでは同じ意味はもたない。あるいは「ノン・ヴィジブル・マイノリティ」と「ヴィジブル・マイノリティ」とでは、その意味が異なってくる。「国民」となって、法的に平等になることは、後者にとって必ずしも社会的・経済的平等を保障するものではないし、ましてさまざまな間接的なかたちをとる差別を決定的に抑えてくれるものでもない。

イタリア人、スペイン人、ポルトガル人にとって、「フランス人」になることは、統合のゴールと言わないまでも、社会的処遇で民族差別が消し去られる重要なステップだった。たとえば「イタリア系フランス人」や「スペイン系フランス人」になることは、留保なしのフランス人に迎え入れられるほぼ確実な一歩を意味した。

他方、原国籍に留まっていても不利がかなり除かれるという別の局面も現れている。ヨーロッパ統合が八〇年代に南欧の三つの国にまで及んだことがプラスにはたらいた。現に彼らの失業率は、フランスの平均とあまり変わらない。じっさい、南欧出身移民に対するフランス社会のイメージの変化は、往時を知る者からは特筆すべきものと感じられる。筆者の記憶するかぎり、七〇年代の右翼運動「オルドル・ヌーヴォ」(「国民戦線」の前身)では、当時増大していたポルトガル人労働者に対し、排斥を唱えていた。だが九〇年代には、そのような言葉は「国民戦線」のスローガンからすっかり姿を消している(ポルトガルのEC加盟申請は七七年、加盟は八六年)。

いっぽう、マグレブ系やブラックアフリカ系については、国籍取得数は高い水準にあって、たとえばモロッコ人、アルジェリア人、セネガル人の国籍取得率(外国人滞在者数に対する国籍取得件数の割合)は二〇〇四年に、それぞれ六・五%、五・三%、六・四%という高率に達している。

ところが、くりかえしになるが、これら「ヴィジブル・マイノリティ」出身のフランス人に対しては、フランス社会は容易に「オリジン・ブラインド」にならない。言い換えると、「フランス人」と認めて、それ以上なにも問わない、ということにならないのだ。肌の色、姓名、居住地、さまざまな副次的特性(なかでもムスリムであること)によってマークされ、差異化される。それゆえ職探しの若者たちが、履歴書を送る段階で排除されてしまいがちなことはすでに触れたとおりである。なるほどフランス国籍を取得することで、彼らは、治安・行政当局の猜疑の目から解放される「合法的存在」となるわけで、これは、街頭、駅頭で「パピエ」の提示をかなり恣意的に求められるマグレブ系やアフリカ系の若者にとっては、必要不可欠の証明である。だが、それ以上のものであるかどうか。当人たちの見方はかなり懐疑的である。

国籍に関連しては、最後に残されるグループがあることを指摘しておこう。それは、非ヨーロッパ、非EU出身の外国人でフランスに長く在住しながら、帰化その他の国籍取得の行為をとらない人々である。しばらく前までは、その代表は、フランスからの独立後自らのナショナル・アイデンティティを特に大事にしてきたアルジェリア人たちだった。今、そのアルジェリア人の国籍取得も毎年二万人を超えるほどに増えている。それでも、外国人にとどまる非EU出身者は一五〇万人はくだらないだろう。彼らはフランス人の地位からも、「EU市民」の権利からも距離を置かれている、いわば谷間に置かれた外国人である。この外国人の二重構造がこのまま放置されることにEUも介入の必要を感じ、前述のように〇三年一一月の「指令」(達成すべき目標を示し、その達成手段については各国の裁量を認めるEU固有の法形式)で、第三国国民で合法的に一定期間以上域内に住んでいる者にEU市民と「限りなく」同等の権利を認めるべきだとしている。避けられない課題だと思うが、フランスはなお今のところこれといった改革に動いてはいないようである。

社会・経済的に統合されないことこそが問題

中心的な問題の所在は、過去一〇年来、相当範囲の研究者や政治家によってつかまれていた。移民研究者のJ・ストレフ＝フェナルは、高等統合審議会(HCI)のとる「統合」の考え方を「文化主義的」と規定した上で、真の問題は何かと問いかけ、社会党の雇用大臣(当時)マルティーヌ・オブリーが二〇〇〇年三月のある集会で、移民出自の若者を前に行った演説の一節を紹介している。「実をいうと、基本的な問題が統合の問題なのかどうかはっきり分かりません。……あなた方〔移民の若者たち〕

が直面しなければならない主な問題は経済的そして社会的編入であり、これにより社会の中に個人の居場所を認識することができます。……社会の構成員であるという感覚は機会と権利の平等にあります」（ストレフ＝フェナル、二〇〇〇、六五）。

文化的に統合されても、社会・経済的な差別が除かれないなら、問題へのアプローチを変えざるをえない。社会・経済的差別にメスを入れ、実態を把握し、それを低減する実際的方策をみいださねばならない。だが、ここでフランスがぶつかる問題は、雇用、教育、住宅などにかんする移民たちの、さらにはエスニック集団ごとの享受と剝奪の実態のデータがあまりに少ないことである。特に「フランス人」になった者については、下位カテゴリーが消されてしまい、出自ごとのデータもなくなってしまう。

「かつて自動車産業には多くの外国人の単能工（OS）がいることが分かっていた。……だが、その子どもたちはどうなったか？　多くはフランス人となり、もう外国人ではない。……だが〝ヴィジブル・マイノリティ〟ではあるはずで、それでいて統計のレベルからは消えてしまうのだ。〝問題の多い〟〝恵まれない〟街区で生じている緊張や、小・中学校で起こっている事件や、雇用・住宅における差別をよりよく理解させてくれるような諸カテゴリーもかき消されてしまう。その国籍のために特徴づけの行われる外国人ではもはやなく、フランス人になったからである。では、まったく単なるフランス人になるのか？　単なる貧しき者なのか？　明らかにそうではない」(Le Tréhondat et Silberstein, 2004, 49–50)

かれ・彼女らは、アラブ系フランス人、アフリカ系フランス人、ラオス系フランス人、失業者、特定の街区の居住者、ムスリム、そして男性または女性、等々であるだろう。

アングロ＝サクソン諸国でなら公式統計でも研究者の調査でも収集されているデータが、しばしばフランスでは収集されず、たとえばある都市で公務員や教員の民族出自別構成がどうなっているかを示すデータを得ようにも、その術がないのである。問題の改善にとってこれは大きな障害である。近年、主に研究者の努力によってそうした調査研究は現れつつあるが、まだまだとの感がある。

いま一つ、社会経済的差別を問題にするにあたって、フランスの抵抗が大きいのは、クォータ制、そしてコミュノタリスムにつながるとみられる解決方法だろう。それらは「共和国モデル」に反するとされる。だが、問題はそのように立てられるだろうか。実際にはこの公式に抵触する企てはこれまでもいろいろとあった。たとえば地方選の候補者のリスト化におけるパリテ(男女同数制)の原則は、果たしてクォータと無縁の発想だろうか。シュヴェーヌマン元内相が当時の知事たちに訓示したのは、必要かつ可能ならばマイノリティからの警察官採用の特別措置をとってほしいということではなかったか(一一七頁参照)。さらに、テレビのチャンネルやラジオの電波がマイノリティの民族グループに割り当てられるさい、ごく近似的にすぎないにせよ、クォータの原理がはたらいていないだろうか。また、移民グループの声や要求を反映させる試みとして、たとえば「穏健」なムスリム信者を代表する機関を設置しようとする歴代政府・内相の企てがあった。これは不成功だったといわれ、また、ライシテの原理に反しているといわれた(浪岡、二〇〇四、一五八)。だが、必要があればあえてそこまで特定の宗教グループに迫るという企てが行われた、ということを思い出しておきたい。

重要なことは、モデルに縛られることではなく、言い換えれば、「共和国モデル」から演繹するのではなく、問題の側から出発し、現実の要請に応えるために、原則をも再定義していくことではなかろうか。

エピローグ

パリ郊外のあの「暴動」からどんな教訓を引きだすか。この出来事以降、一方では、反移民感情が強まっているからこれを移民規制の強化の好機としようという教訓を引きだす政治の動きが今たしかにある。新規移民の選別的な受け入れのプランと組み合わせて、家族呼び寄せの制限、長期滞在移民の正規化の廃止などが「新移民法」に盛られた。

しかし一一月の「暴動」からは、既存移民社会の危機を正面から直視するという教訓の汲み方もあるはずである。その視点に立つと、現政権の選挙目当ての行き方は、既存の移民社会の内なる差別や周辺化をそのまま放置し、固定化することにつながる恐れがあることがわかる。マグレブ系の若者たちはあいかわらず失業、半失業の中にあって曙光をみいだせない。「サン・パピエ」は不正規状態から抜けだせなくなる、強制送還があるかもしれない、との不安から、〇六年夏、多くの移民は正規化の手続きに奔走し、八月末、ミリアン（エクアドル）は正規化の報を、アブデル（アルジェリア）は却下の報を受けるというように、明暗が分かれた（ル・モンド、九月五日）。それらのニュースを目にしながら、問題の深刻さを思う。

今後に向けて、なにが必要なのか。

機会の平等の保障へ

「フランス的平等」についてどう議論していくか。まず、これが個人にとっての無差別の機会の平等を意味するなら、これはこれできちんと保障されなければならない。たとえば、雇用における履歴書差別のような、機会そのものが、ある人々や集団には開かれていないという事態に対しては、速やかな対応が求められる。地方自治体レベルでは、移民出身の若者に市の委嘱した「後見親」を立てて、本人への保証とし、差別を受けないようにと配慮しているところもあるが、差別のケースがあったときに強い権限をもった機関の迅速で有効な対応が必要である。その場合、時間とコストと専門性を要する訴訟という手段は、誰にでもとれるわけではないから、イギリスの「人種平等委員会」のような制度の必要が唱えられていた。ＥＵの「指令」も、各国に有効な機関の創設をもとめていた。

その点フランスは制度的には弱かったが、最近、他のＥＵ諸国とくらべると遅ればせながらではあるが、ようやく一つの改革が踏み切られた。それは二〇〇五年三月の「反差別と平等のための最高機関」(Haute Autorité de lutte contre les discriminations et pour l'égalité: HALDE) の創設である。これは、国内法および国際条約等が禁じているあらゆる直接・間接の差別について、犠牲者や関係者からの訴えに対応し、調査権限をもち、勧告、訴訟援助などを行う独立の機関であるとうたい、「差別をこうむったあらゆる犠牲者は、簡略、無償、効果的な不服申し立ての手段が存在することを知るだろう」と強調している(HALDE, 2006, 200)。

ＨＡＬＤＥが対象とするのは、差別全般なので、間口が広く、移民・外国人の問題にも迅速・的確に対応できるだけの専門性を備えているかどうかはまだ不明で、活動の実績も明らかではない。だが、注目はすべきである。

エガリテから格差原理へ——優先度の高い人々へのアクション

次に、社会的・文化的所与条件のゆえにハンディキャップを負っている人々の不利にどう対応するか。フランス的平等は、リバタリアン的に問題を切り捨てるわけではないが、暗黙裡の消極性、あるいは論点回避的なところがある。「友愛」という革命フランスの標語は、ロールズ流に解釈すれば、「格差原理」の肯定を意味する(ロールズ、一九七九、一七九)。もし機会の平等を、幸運でない者、恵まれない者を取り残してもよい原則だと考えたならば、フランスは、無償の公教育体系を創り上げたりはしなかっただろう。

だが、エキテの観念の適用は限られているように思われる。無償の公教育は、高所得の上層階層にもまったく利用可能である。いな、ブルデューらが批判してきたように上層階層こそが無償高等教育をもっとも有効に利用してきたのであった。恵まれない特定の集団やカテゴリーの人々により有利さを与えることについてはどうか。それは普遍主義ではない、「特殊主義的」だ、として一般に警戒されることが多い。国籍、民族、文化、性を基準とするような企てに対しては、特にそうである。

じっさい、必要なポジティヴ・アクションがとられうるだろうか。より「普遍主義的」な基準として、地域、年齢などがとられ、特別措置が行われていることについては、すでに触れてきたが、果たして教育や雇用について、不利を負う者の条件を引き上げる有効な政策がみちびかれるだろうか。教育についてはZEPに即して論じたのでくりかえさないが、もっとも問題だと思われるのは、雇用にかんしてである。じっさい、失業率のデータや、当事者のインタビュー記録などをみてあらためて確認されるのは、民族的ファクターの大きさであり、マグレブ系、ブラックアフリカ系(ハイチなども含めて)、トルコ系などの目立った高失業であって、これに従来型の地域にもとづくポジティヴ・アクションで対応できるかとなると疑問がある。

社会的統合のキー——教育、雇用の平等に向けて

じじつ、失業率の大小は、学業失敗率などよりも、強く民族的オリジンと相関していることは疑いえない。「アルジェリア移民出自をもつ若者は、フランス人になっても失業から保護されないこと、これはもう前々からのことで、すでに八二年、マグレブ系の移民出自の若者だけは他の出自の若者人口よりもはるかに高い失業を被っていた」(Fitoussi et al., 2004, 236)という明らかな既知の事実もある。このように問題が構造化されているならば、これへの具体的対応を検討することはもはや避けられないだろう。

一一月の「暴動」の直後、市民・企業のあいだから職を求める若者の履歴書を匿名化すべきだとい

う提案があり、また、リヨン市は公共職業紹介所と協力し、「雇用差別ゼロ」の標語の下、市庁舎の大広間を企業と求職中の移民の若者との面接の場に提供し、数十の企業がブースを開いた。こういう機運が生まれたのはよいことだが、政府からは根本的な対応が打ち出されてはいない。

問題は、個人的資源のみによっては高度の資格の取得も、競争への参加も、差別のレッテル貼りへの対抗もできないような、ある民族背景をもつ若者にどんな援助の手を差し伸べるか、である。教育援助という点では、地域の学習援助と文化活動の援助に公的支援をただちに増やせ、という強い声がアソシアシオン関係者から上げられる。二〇〇二年の保守政権成立以来、公的助成の減額はたしかに目だっている。もし、大きな援助がＦＡＳＩＬＤなどを通じて行われるなら、それは不利を負っている集団にできるだけ対象を定めて、移民出身の若者のディプローム再取得研修、職業研修、そして実地研修の受け入れ職場（企業等）の確保のためにこそ、充てられるべきだろう。

国、企業、自治体、それに学校の役割が根本的に見直されなければならない。国、地方自治体は、移民出身者などマイノリティをどれだけ雇用してきたかを過去にわたって点検し、その判断に立ち、公務員採用や警察官採用の計画を立てるべきであろう。人脈も、保証人も、過去のこれといった職歴ももたない若者をどうバックアップするか、これにフランス社会は従来あまりに冷淡だったのではないか。一部の革新自治体に「後見親」制度などが設けられているが、従来、学校が冷淡でありすぎた。日本ならば、中学、高校、大学、専門学校のいずれも生徒・学生の就職の懸命な後押しをしているが（その行き過ぎの問題もあるが）、こうした援助がフランスではほとんどない。生徒や学生の能力や人柄を保証・推薦しうる機関としての学校が、孤独な求職活動をする移民の若者を助けないとすれば、それは許されないだろう。最近ようやく、政府－大学レベルで、研修、オリエンテーションを進める委員会が設けられたというニュースを聞くが、移民の若者に必要なのは、職業リセや専門学校のレベルでの援助かもしれず、まだ彼らに陽は当たっていないようである。

〇六年三月、政府は「機会平等法」を成立させたが、その発想は、差別があれば罰金を科す、という対応にとどまった。企業に対して国のなすべきことは、差別の当事者へのもっと明確な改善方針を示すことで、ジェニソン法(七二頁)もすでに施行されている以上、たとえば一〇〇人以上の規模の事業所には一定のガイドラインを示し、従業員の民族オリジン別の雇用状況を報告させるなど、監視を行うべき段階に来ている。もちろん、公務員についても同様であるべきである。また必要によっては、アメリカモデルのように、公共事業契約に企業の従業員構成のガイドラインをもちこむなど、多くのことを視野に入れなければならない。前述のＨＡＬＤＥのような機関が設けられた以上、政府との協力で、そうした事業所への適切な指導体制もつくれるはずである。なお、この監視は、事業所の募集－応募の段階からはじめなければならない以上、常時の苦情申し立てに応じる体制、間接差別への対応方法の研究など、課題は多い。

差別是正施策のためのデータの獲得

とすれば、人々の民族オリジンを問わねばならなくなるが、これもタブーとすべきではないという意見が近年表明されるようになった。「民族的・人種的出自と結びついた特有の不平等の源泉があるというのに、これに無視を決め込むフランスの戦略は、もろもろの差別の観察と分析を不可能にしている」。これは、著名な人口学者P・シモンの批判である(ル・モンド、〇六年七月二・三日)。人種・民族差別への認識と対応に消極的であるフランスへのこうした内なる批判は、前回国勢調査(一九九九年)の前後から現れていた。

国勢調査では、両親の出生国という質問項目のみが設けられており、これが人々の民族出自を推定させる唯一のデータだったが、不十分なものである。〇六年春、上院の「法および社会問題委員会」によって採択された「人種または民族を理由として差別されやすい人々の集団のタイポロジーを含んだ照準枠」を定めるというものがあり、これによって行政および従業員一五〇人以上の企業の「出自の多様性を測る」こととされた。この一事をみても、政党、議員の間にもかなり雇用差別への危機感があったことがわかる。ただし、これは〇六年三月に首相府から「待った」がかかり、それ以上の進行は妨げられた。

右のシモンら人口学者グループは、ごく最近、再度問題提起を行っている。

「ディプロームや社会的出身はほぼ同じでも、たとえば、マグレブ移民の子どもたちはポルトガル出自やフランス出自の若者にくらべ、職に就くチャンスは限られている。両親の出生国は、差別にさらされている人々を規定する一つの方法にすぎない。肌の色のような外見的特徴もまた、不利な処遇を条件づけるのにあずかるのであり、たとえばアンティル出身フランス人が本土で住宅を得ようとして出遭う困難が証するとおりである。さて、出自と結びついた処遇の不平等をなくすには、この不平等を測定しなければならない。そしてこれを測るには出自を同定しなければならない。この点をよく考慮した統計こそが、差別に用いられる同じ基準を、差別撤廃の諸目的に用いることを可能にする」(Simon et Clément, 2006)

かつ、シモンらの拠る国立人口学研究所(INED)は、二〇〇五年一一月、この出自に関する「多様性の測定」の実験的な世論調査を、一三〇〇〇人余の企業従業員と学生に対して行っている。出自の尋ね方もいろいろとあり、議論は必要である。また、そもそも国勢調査や公的統計でこの出自データが近い将来認められるかは明らかではなく、政府首脳の見解も割れている。にもかかわらず、問題はすでに議会、国立研究所、世論調査など、公的な開かれた場に提起されているのであり、議論することのタブーは取り除かれつつあるというべきだろう。

「友愛」からの平等へ

平等の観念を、もしも「友愛」に焦点を合わせて拡大してみるならば、個人としての平等を基本としながら、全体への連帯、配慮を意味する平等となろう。J・ロールズは、これは、その「自然の意味」として、「誰もそれほどよい生活状態にない他の人々の利害を促進する仕方でなければ利益を得ることを望まない」という考え方を含み、格差原理を正当化するものだ、と論じている(ロールズ、一九七九、一八〇)。これもフランス的平等の観念の一つの流れであろうと述べた。だが、今、このような倫理的感情が移民をめぐって、フランス市民のなかに共有されているかとなると、疑問もある。

人々の意識構造は、「移民」を三層化して捉えているのではなかろうか。イタリア人、スペイン人、ポルトガル人などは「イミグレ」の呼称を次第にまぬがれて、「ノンヴィジブル・マイノリティ」となりつつある。この点、ヨーロッパ統合の効果は否定できず、たとえばスペイン人やポルトガル人の第二世代が学業達成につとめ、相当のディプロームを取得すれば、雇用上の差別もほとんど起こらない（宮島、二〇〇五）。彼らにおいては国籍取得の効果も大きい。国民戦線（FN）のような右翼ポピュリスト勢力も、もはや彼らを「イミグレ」と名指して攻撃することはない。次にアジア系の移民グループに対しては、ひと頃のような「モデル・マイノリティ」視は薄れつつあるようだが、その存在はまず問題視されない。それに引きかえ、マグレブ系、アフリカ系については、「他者性」の強調がつねに行われる。国民戦線的な言説によれば、「同化不可能な移民」ということであり、最近の保守与党の集会でも右翼の支持者のスローガンでも「フランスを愛せなければ、出て行け」(aimez-la ou quittez-la)といった標語が登場している。

いま・ここにいる人々をどうするか

〇六年夏は、多数のアフリカ系、アジア系の「サン・パピエ」移民にとって不安と懊悩の日々だったことはもう触れた。

移民社会とは、つねに開かれた寛大な社会とはかぎらないことは、アメリカにおける対メキシコ国境の警備ぶりや、ヒースロー空港の猜疑心に満ちた入国検査ぶりからも明らかだろう。フランスも今、アフリカ、中東、アジア等からの人の入国にピリピリした国になっており、「不法」「偽装」等の外国人への追及は厳しい。その一方、高い技能や資格をもつ者を選んでの優先的受け入れと滞在優遇が、先の移民法に盛られた。これについては今は論じないが、おなじく新移民法が打ち出した長期滞在不正規者の正規化の廃止となると、移民社会のあり方として無視できない問題をはらむことになる。

不正規の移民はフランスにはつねにかなりの規模で存在した。P・ヴェイユなどはこうみている。陸続きの国境に囲まれ、観光客の入国も車の通過も多い国だから、不法移民を完全に阻止できるなどと考えるのは幻想であり、一〇年間以上の滞在、家族との五年間以上の滞在などを基準に正規化を施す以外に彼らを人間的に扱う道はない、と（ヴェイユ／宮島、二〇〇四）。

なぜこのところ彼らが「サン・パピエ」として問題化したのか。その理由の一端が、家族呼び寄せに厳しい条件を課するようになった当局の措置にあることはすでに述べたが、これは人道上の問題をはらんでいる。支援NGOが懸命に訴えているように、子どもというもっとも弱い存在を多数巻き込むとともに、家族が一体で生きる権利も危うくするという問題である。果たしてそれは欧州人権保護条約が許容する事態であろうか。また、EUレベルの事柄としては、アムステルダム条約（一九九九年発効）によって、移民にかかわる政策が欧州委員会の所管のなかに入ることに注目したい（担当は、司法・内務総局）。

文化のスティグマ化、「他者」化を超える

最後に、ヴィジブル・マイノリティのなかでももっとも周辺化されているようにみえる、どうかすると「文明の衝突」図式の中にはめこまれかねないマグレブ、西アフリカ、トルコなどのイスラーム移民について一言しないわけにはいかない。

ことイスラーム移民にかんしては「〈われわれ〉と〈彼ら〉」(nous et eux)という他者化の傾向は、フランス市民の意識のなかでは進んでいるようにみえる。その根底には、フランス文化の側からする文化的蔑視、といって言い過ぎならば、本質主義的な異質文化視の感情が横たわっているように思われる。いな、もう少し別様にいうと、異質視されるその文化を担っているとされるアクターたちが、数の上で増加し、平等意識をもって市民生活に加わってくることへの脅威感がそこに入り混じっているだろう。実際にはフランス社会の諸価値を受け入れ、対話をもとめるムスリムが多数派であり、文化変容という社会学的事実は明らかであるにもかかわらず、世論調査をひもとくと、九〇年前後から、フランス市民のイスラーム観は、「暴力」や「ファナティスム」というイメージに強く反応するようになっていることが分かる(Gastaut, 2000, 507–508)。なお、異なる文化や宗教にかんする「草の根」世論は、十中八九はメディア報道の産物であることも忘れてはならない。

教育の専門家によれば、自文化への周囲からのスティグマ化があると、生徒はこれにきわめて敏感になり、学習意欲の後退へとみちびかれてしまう。文化差別がさらに雇用差別へと連動していけば、ムスリムの青少年たちは徹底して「他者」性を貼り付けられ、フランス社会の中で居場所をもちえな

くなろう。もちろん、それはすべてのムスリム青少年について言えることではない。しかし、十分なディプロームも得られず、職業的将来の展望ももてない者たちは、くわえて、たいてい、自文化のスティグマ化の心の傷を負っている。そのなかで彼らがつくりあげる「自己防衛システム」(H・マレウスカ、C・ガション)が、反学校やその他の社会的反抗を生みだす、とみてよいのではないか。

文化を変えることは容易ではない。だが、学校教育、市民教育、そしてあらゆる共存の場(職場、シテ、スポーツ世界など)で、民族共生の教育と文化尊重の実践が本腰を入れて行われなければならない。その必要の自覚から出発しないと、この移民社会のなかに走っている深い亀裂を埋めていくことはできない。

あとがき　変化は可能か

「統合」の重し

移民の社会的な受け入れを論じるのに「統合」という言葉が使われるのは、フランスに限ったことではない。ドイツでもオランダでもスイスでも、時にイギリスでさえこの語が用いられる。

ただ、フランスには、首相の下に諮問機関、高等統合審議会（ＨＣＩ）が置かれていて、「統合」の語は、オフィシャル、準オフィシャルに用いられる政策用語となっている。ついでにＨＣＩの性格について一言。これは多くの統計・調査スタッフも擁する専門機関である反面、いわば国民を代表する「賢人会議」というシンボリックな性格も負わされていて、一五人の委員にはサッカー・ワールドカップで鳴らした個性的選手リリアン・テュラム（トリノ・ユベントス）も名を連ねる。

くりかえしになるが、ＨＣＩは一九八九年の「スカーフ事件」の発生をうけ、ロカール内閣の下で設けられた。当時、このイニシアティヴにかなり期待が寄せられた。移民たち、とりわけムスリム移民たちの貧しさと社会的周辺性が少女たちのスカーフ着用のような行動の背景にあるとみて、かれ・彼女らの社会的統合が緊要の課題であることを明示したからである（宮島、二〇〇一）。今でもよく覚えているが、筆者は一九九〇年秋のパリのあるコンファレンスに参加したとき、ＨＣＩ事務局長（当時）のユベール・プレヴォが講演者として、移民の社会経済的な統合の推進が欠かせない、と熱弁をふるったのを印象ぶかく聞いた。

しかし、ＨＣＩのその後はどうか。年次報告に現れた次のような言葉からは、文化的統合をやはり要《かなめ》としているという印象をぬぐえない。

「周知のように、統合は、労働、住宅、社会保障へのアクセスを可能にするメカニズムによって条件づけられており、排除との闘いはこの分野での断固たる介入を通して行われる。しかしおそらく統合とは、最終的には文化の問題であろう。わが国に定住し、子どもを育てることを決意した移住者たちは、まさにそのことにより、意識的にせよ否にせよ、一つの歴史、諸々の伝統、一つの価値体系によって規定された一国民共同体を選択したことになる」(HCI, 1992, 33)

これをさらにいえば、移民から「フランス共和国市民」へ、ということであろう。そのためにかれ・彼女らが進んで習得しなければならない「価値」「伝統」とは、思考と表現の道具としてのフランス語、価値としての個人主義や男女平等、そしてライシテなどであろう。なかでも、民族コミュニティをアイデンティティの源泉にしてはならないとする反コミュノタリスムは、くりかえし語られる適応項目となっている。イギリスの研究者のＡ氏は、「ＨＣＩの議論は規範的すぎるのではないか、統合とは、就学や雇用をどう保障するかという問題なのだから、もっと実際的、機能的に議論したほうがよいと思うのだが」と英国人らしい感想をもらしていた。

「社会的統合につながらない」

そうした規範主義、文化主義を指してのことだろう。過去二〇年来の「統合」にかんする言説は不生産的だった、と最近、G・ノワリエルが強い不満を表明していることはすでに紹介した（一一頁）。かれにいわせれば、こうした統合論は、移民たちの態度、アイデンティティ、行動様式のあり方に問題を帰着させるという保守政党のお決まりのやり方と変わらず、失業増加、シテの荒廃、これへの異議申し立て行動などを、社会的な措置を必要とする社会的問題としてまともにとらえるのを避けてしまう。それでは、社会的統合につながらないではないか、と。こうした鋭い批判がフランス内部からも出るようになったのは、興味ぶかい。

「共和国的平等はもはや神話となった。これは多くの分野で確認ずみであり、われわれは平等をとりもどせるような諸措置を案出すべく求められている」（Kaslassy, 2004, 3）。このような意見に対し、HCIはどう答えるのか。HCIは二〇〇六年春、『二〇〇二〜〇五年の統合政策の総括』と題する三〇〇ページを超える大部な報告書を首相あてに提出した。その中で、オーディオ・ヴィジュアル（メディア）の領域における「文化的多様性」の実現の必要という新たな課題を提出している点は、目を引かないわけではないが（HCI, 2006, 69–73）、〇五年秋の「暴動」にもかかわらず、移民第二世代の失業や居住環境悪化については深刻な認識は示されていない。いっぽう、アファーマティヴ・アクションへの批判は型どおりになされていて、就学なり雇用なりにおける特定グループの優遇の措置は、憲法の定める「法の下での平等」にも、差別禁止の刑法第二二五条一項にも反するとされ、またクォータ政策は、「平等および能力の承認の共和国的原理」と相容れないとして一蹴されている(*Ibid.*, 73-74)。

こうした従来どおりの視野からは、新しい施策はどうも望めそうもない。失業、社会的排除から抜けだせない者や、文化的ハンディキャップゆえに学校失敗者になる者を引き上げ、平等へと近づけるシステマティックな手段を、フランスは果たしてもつことができるのだろうか。M・ドイチェヴァなどは、やや悲観的な口吻で言う。「アメリカ式のクォータによるアファーマティヴ・アクションはフランスではとても受け入れられないから、反差別の対応においては、けっきょく、イギリス式経験〔人種平等委員会のそれ〕を喚起させる独立的機関を創る、職業教育における文化的多様性の啓発のプログラムを開発する、履歴書の匿名化のような措置の採用についての「多様性憲章」を企業と締結する、等々の方向をとるように思われる」(Doytcheva, 2005, 85)。ここで言われている独立機関とは、すでに触れたHALDEの創設である(二一八頁参照)。また、最大の問題である雇用における人種民族差別の防止には、法的拘束力のとぼしい啓発や努力協定の枠内でこれに努めるほかないということだろうか。

踏み込んだ差別の監視へ

もっと踏み込んだポジティヴ・アクションは不可能なのだろうか。これについては第6章、第8章、エピローグでかなり筆者の意見を述べてきたので、くりかえしは避けたいが、特定の民族集団で跳ね上っている失業率の数字などに照らし、問題の深刻さはすでに「まったなし」の域にきていると思う。

とすれば、ことに雇用にかんして大きな不利と差別をこうむってきた集団に照準を合わせた、しかしスティグマ化をできるだけ避けうるようなポジティヴ・アクションの方法を案出すること、これは着手されるべき作業ではなかろうか。職業研修、企業内研修などについて、これまでFAS、改称してのFASILDがずいぶん多額の補助を行ってきて、この基金の性格（一一九頁参照）からして不利な状況にある移民・外国人への援助が目的であることは周知のことであるのに、「民族クォータ」の適用と解されるのを恐れ、そのモニタリングは行われないようである。だが、英米式にいうところの「民族監視システム」の導入は、研修や、採用、人員構成において必要となっていると考えるべきである。賛否があって、ストップしたようだが、企業の監視のガイドラインの準備も一部議会内で進められていたことも分かっている。

憲法、刑法における「法の下での平等」、あらゆる形態の「差別禁止」が、特定グループのメンバーの優先処遇を認めないことについては、どう考えるべきか。法律学を専門としない筆者には答えるのがむずかしいが、アメリカがこの問題を、意見の賛否、訴訟等を戦わせながらも、ある程度処理してきたことは想起されてよい（一二八頁）。イギリスでも人種関係法は（その二〇〇〇年の修正法はさらに）あらゆる形態の差別を禁止しているから、一部のグループに向けられる優遇措置は違法となる。ところが、当の人種関係法によって一九七六年に設けられた人種平等委員会は、これまでの人種民族差別・不均衡累積結果をただすために必要ならばポジティヴ・アクションは認められるとし、むしろこれを企業等に奨励している。この柔軟性は、「エクイティ」の考え方があってこそ、容認されるのだろう。フランスでは今のところ、コンセイユ・デタも、HCIも、一般司法も、こうした柔軟性を示していない。

だが、かつて「パリテ」が、憲法院の違憲判決によって葬られながらも、ついには政治の判断で実現したように、社会的必要が強く認識されてくれば、事態は動かないはずはない。筆者の接した移民研究の専門家たちも、NGO関係者も、このことは否定しない。ただし、それは、フランスの世論、社会意識が、これまで言及してきた「友愛」のコミュニティにどれだけ近づけるのか、ということにもかかっている。容易ではないかもしれない。

収斂のなかで――「フランスただ独り」からの脱却へ

こうしてみると、先進国のなかで移民マイノリティの処遇にかんしてはかなりの収斂の傾向がはたらいていて、他国から学ぶことや、機能的等価の制度やシステムを導入することにフランスはもっと積極的であってよいと思う。別の機会に書いたが、たとえば隣のドイツの人権NGOの関係者は九〇年代初めにすでに、フランスの出生地主義国籍法に強い関心を示していて、「ドイツもぜひ取り入れるべきだ」と語りつつ、あるスタッフは筆者の前で、フランス民法第一九条三項(出生地主義による自動的国籍付与を定めた有名な条項)を、すらすらとフランス語で暗誦してみせたものである(宮島、二〇〇四a)。そして九九年には社会民主党プラス緑の党のシュレーダー政権の下で、限定的ながら新国籍法に出生地主義が導入された。

この国はあまり他に学ぶという姿勢をみせず、「フランスただ独り」の色合いがこれまでの移民政策には強くにじんでいた。特に「アングロ＝サクソン・モデル」という半ばフランス側の構築になるモデルが、忌避の対象になってきて、これに距離をとろうとする傾向があった。だが、実際はどうなのか。フランスもまた、後者のポジティヴ・アクションに関心をもたざるをえなかった。また、たとえばイギリスの人種平等委員会のような差別の訴えを処理する効果的機関を必要と感じ、九〇年代からこれを研究しており、それをフランス式に変容しつつ、新制度として導入している(前述のHALDE)。

さらに収斂を推し進める要素に、欧州評議会やEUもある。前者の欧州人権条約、後者のアムステルダム条約が、移民の差別や人権問題への各国の取り組み方に共通のノームを課するようになっている。将来これは、もっと強まっていくにちがいない。

移民の子どもの送還にノン――新たな市民のモビライゼーション?

さて、最後に、市民のなかに広がっている感情、行動に触れる。二〇〇六年の夏という今、移民問題をとりまくフランスの空気は重い。数千台の車に火を放つことで抗議した移民の若者と、一般フランス市民の間には、残念ながらコミュニケーションの途絶状態しかない。ロゴスの国であるフランスでは、訴えるメッセージを明確にしないような破壊のみが目だつ運動に、市民は実に手厳しい。

事件後半年間に大学、学校、企業の一部で、それぞれ移民出身の青少年にチャンスをあたえようという善意の意思表明は起こってはいるが、カリキュラム改革、募集方法や採用方法の変更といった具体的措置を発表するものはほとんどなく、目に見える改革のうねりは感じられない。友人で専門職にある市民のR氏は、「与党も野党も選挙目当て〔〇七年四月の大統領選〕のことばかり考えていて、移民への反差別の政策をじっくり練りあげる姿勢がなく、情けない」と辛口に語っていた。

ただ、そのなかで、子どもを含む不正規滞在外国人（サン・パピエ）の強制送還が行われるという報に、この春以来NGO市民団体と一般市民が危機感をつのらせ、動き出したことに、健全な人権バネの復活をみる想いがする。原則志向のフランス人が、「平等」について示した原則は分かりやすいものといえなかったが、人道または友愛という原則への反応はいたって明快だった。

不正規滞在外国人の送還を目ざす政府は、〇五年一〇月、幼稚園からリセにまで通う子どもをもつ家庭については、〇六年六月三〇日まで送還を保留する、との方針を示し、春以来その日が近づくにつれ不安が高まっていた。その六月末までに不安を抱える移民から提出された正規化の申請は全国で三万件に達したが、その内の二割の六〇〇〇件にしか滞在許可がおりないことが八月に判明した。この間、ル・モンド紙は継続的にこのニュースを報じ、リベラシオン紙は、「この子たちが送還の脅威にさらされている」と写真ポートレート入りで連日紙面を構成した。

〇六年の八月末のある午後、筆者も、サン・パピエ支援のパリのデモの現場に足をはこんだ。さすがにまだバカンス中なので、デモ参加者の数は多くなかったが、「幼い子どもまでフランスの学校から引き離して送還するなんて許せない、自分が里親になって一人でも多くを保護したい」と語る中年女性の声もあり、人々の熱気を感じた。支援団体ＲＥＳＦ（国境なき教育ネットワーク）の活動家と思われる青年に尋ねる。「バカンス中でも人々はこれだけ関心を向けてくれる。この秋以降には、もっともっと運動は盛り上げたいし、それは可能だ」。

フランスの移民社会の危機は、みてきたように多面的で深いものがあるから、サン・パピエの送還問題をめぐっての市民のモビライゼーションが、事態全般を変えていくだろうなどとはとても楽観できない。だが、それでも市民たちが、危機を傍観する受動的存在ではないことを示す一つのしるしであるから、注目しつづけたい。

＊

筆者とフランスの移民問題との出会いは一九七〇年代の初めにさかのぼる。フランスの土を初めて踏んで、まず、貧しい身なりで建設現場や道路工事等で黙々と働くマグレブ系単身労働者のおびただしい数にふれ、びっくりした。学生寮の自室の清掃を担当してくれるスペイン人女性が、あるとき「パスポートもビザもないまま国境を越えた」と自分の過去を物語ってくれ（スペインはフランコ体制下にあった）、貧しさと束縛から逃れる移民の行為がいかに真剣なものであるかを教えられた。

だが、「何がその背景にあるのだろうか？」と、筆者がフランスの移民問題に本格的に関心をもつようになったのは、七〇年代後半、パリ、ストラスブール、ギャルド、ボンディなどの町々で、アルジェリア移民等への襲撃、放火がひんぴんと生じていた時期である（宮島・梶田・伊藤、一九八五でこれらに触れた）。そして、イスラームの「可視化」、国民戦線（FN）の仲張が進む八〇年代の初め、マント＝ラ＝ジョリ、ドゥルー、リール、マルセイユなどの町を聞き取りに歩いたときのことは、いまだに忘れがたい。以後、四半世紀以上にわたって問題をフォローしてきたつもりである。

一九八一年五月のミッテラン政権の誕生の頃から、フランスは真剣にマグレブ、アフリカ、アジアなどの出身の移民たちの滞在の安定、家族生活の保障、社会的権利の平等などに取り組むようになった。しかし、そこで強調されるようになったフランス的「平等」や、統合の「共和国モデル」といわれるものが、現実的、実際的に移民の社会的条件の向上に資するのか、徐々に疑問が増していった。技術革新や社会経済構造の大きな変化も移民たちには幸いしなかった。また、文化の双方向的理解とは言うは易しくして困難であり、特にイスラームの移植後、グローバリゼーションの背景もあって、ホスト社会フランスはムスリム移民たちの文化に警戒的になった。時に過剰なほどの警戒が、ムスリム移民への度を越えた負のレッテル貼りになっていないだろうか。

これらの問題を、同じヨーロッパの他の国々ではどのように扱っているかも知りたいと思って、イギリス、ドイツ、オランダ、ベルギーにも時々資料収集の足を向け、フランス的な「平等」の観念や「ライシテ」の観念に少し距離を置いて臨むよい機会となった。

それらいくつかのことについて並行的に理解を進めながら、折があればフランス移民社会論をまとめたいと願っていたが、〇五年一一月の不時の事件の勃発が、これを急ぐ直接のきっかけとなった。

一社会学徒として経験的データを得たいとつねに念じてきたが、フランスの公式統計はあまり豊かではない。J・ラピエールが嘆いたように（五九〜六〇頁）、フランス研究者たちの調査のもたらすデータもしばしば不満足なものだった。といって、自力での調査らしい調査ができなかったのは、筆者としての反省点である。その代わり、個人へのインタビューの機会をつくる努力はし、多くの当事者と対話したが、それでもマグレブ系では、アジズ、アーメド、サイーダ、レイラなど一〇例ほどにすぎないだろう（かれ・彼女らのことは、他の拙著で紹介している）。

ADRI、GISTI、RESFなどそのステイタスはいろいろだが、移民支援の機関、団体のスタッフからはいろいろなことを教えられた。研究者では、アブデルマレク・サイヤッド氏（故人）、ミシェル・ヴィーヴィオルカ氏、カトリーヌ・ヴィートル・ド・ウェンデン氏、パトリック・ヴェイユ氏、ダニエル・サバー氏などに議論相手になってもらい、非常に助けられた。日本人の研究者では、地域の現場で起こっていることに詳しい稲葉奈々子氏（茨城大学）、森千香子氏（南山大学）、それに朝日新聞パリ支局沢村互記者などに教えを受けている。最後に、二〇年来、折に触れてフランスの移民問題について議論を交わしてきた畏友梶田孝道氏（一橋大学）が、不幸にして本年五月急逝したことに、哀惜の念をもって触れないわけにはいかない。二〇年この方の思い出をいろいろとたぐってみると、筆者はかれにも実に大きく負っていることに気づくのである。

岩波書店編集部の佐藤司氏の助言と激励にも、心から感謝をあらわしたい。
本書の性格について一言したい。本書は研究書ではないが、この本をきっかけにフランスの移民問題に専門的に考察を進めたいという読者がいれば、と考え、煩瑣になったが、引用・参考文献をできるだけ示すこととした。また本書は、ほぼ書き下ろしの原稿から成っているので、その初出を示す必要はないのであるが、巻末の「引用・参考文献」のうちの宮島二〇〇一、二〇〇二および『ＵＰ』二〇〇六年七月号、八月号の拙稿からは、一部の記述を本書に転用している。そのことをお断りしておきたい。本書中に用いた写真は、筆者の撮ったスナップ写真であるが、知人から提供を受けたもの一葉も含まれている。感謝を申し上げたい。

二〇〇六年九月

著　者

■岩波オンデマンドブックス■

移民社会フランスの危機

2006年11月28日　第1刷発行
2009年4月3日　第4刷発行
2016年11月10日　オンデマンド版発行

著　者　宮島《みやじま》　喬《たかし》

発行者　岡本　厚

発行所　株式会社　岩波書店
〒101-8002　東京都千代田区一ツ橋2-5-5
電話案内　03-5210-4000
http://www.iwanami.co.jp/

印刷／製本・法令印刷

ISBN 978-4-00-730532-0　　Printed in Japan

引用・参考文献

以下は，本文中で(　)内に著者名，発行年等を掲げた文献のフルタイトルである．

ADRI, 2002, *Guide pratique de l'intégration: les acteurs, les politiques et dispositifs publiques,* La Documentation Française.

Anderson, A. et H. Vieillard-Baron, 2000, *La politique de la ville,* ASH.

Andolfatto, D.(sous la direction de), 2004, *Les syndicats en France,* La Documentation Française.

Anglade, J., 1976, *La vie quotidienne des immigrés en France de 1919 à nos jours,* Hachette.

アンワール(Anwar), M., 2002,（佐久間孝正訳）『イギリスの中のパキスタン —— 隔離化された生活の現実』明石書店.

バリバール(Balibar), E., 2000,（松葉祥一訳）『市民権の哲学 —— 民主主義における文化と政治』青土社.

Batail, P., 1997, *Le racisme au travail,* La Découverte.

ベッカー(Becker), H., 1978,（村上直之訳）『アウトサイダーズ』新泉社.

Benbassa, E., 1993, *Histoire des Juifs de France,* Seuil.

Bender, S. & W. Seifert, 2003,《On the Economic and Social Situation of Immigrant Groups in Germany》, R. Alba et al., *Germans or Foreigners? : Attitudes toward Ethnic Minorities in Post-reunification Germany,* Palgrave.

Ben-Tovim, G., 1993,《Why 'Positive Action' is 'Politically Correct'》, T. Modood & P. Werbner(eds.), *The Politics of Multiculturalism in the New Europe: Racism, Identity and Community,* Zed Books.

Bouamama, S., 2004, *L'affaire du foulard islamique,* Geai bleu.

ブルデュー(Bourdieu), P., 1999,（安田尚訳）『教師と学生のコミュニケーション』藤原書店 .

ブルデュー(Bourdieu), P., パスロン, J.-C., 1991,（宮島喬訳）『再生産』藤原書店.

ブルーベーカー(Brubaker), R., 2005,（佐藤成基・佐々木てる監訳）『フランスとドイツの国籍とネーション —— 国籍形成の比較歴史社会学』明石書店.

分田(Bunda)順子，1991，「挟撃されるイギリス多文化主義教育 —— ムスリム・コミュニティとハニフォード事件」宮島喬・梶田孝道編『統合と分化のなかのヨーロッパ』有信堂.

バーリー(Burleigh), M., ヴィッパーマン, W., 2001,（柴田敬二訳）『人種主義国家ドイツ：1933-45』刀水書房.

Calvès, G., 1999, *Les politiques de discrimination positive,* La Documentation Française.

——, 2004, 《Les politiques française de discrimination positive: trois spécificité》, *Pouvoir,* 111, Seuil.

Castles, S., 1994, 《Democracy and Multicultural Citizenship: Australian Debates and their Relevance for Western Europe》, R. Bauböck(ed.), *From Aliens to Citizens: Redefining the Status of Immigrants in Europe,* Avebury.

Centre d'Analyse Stratégique, 2006, *Besoins de main-d'oeuvre et politique migratoire,* La Documentation Française.

Chabanne, 2002, *Ecrire en ZEP: un autre regard sur les écrits des élèves,* Delagrave.

Commission de la nationalité, 1988, *Etre Français aujourd'hui et demain,* Union générale d'Edition.

Commission présidée par Stasi, B., 2004, *Laïcité et la République,* La Documentation Française.

Conseil d'Etat, 1998, *Sur le principe d'égalité,* La Documentation Française.

Costa-Lascoux, J., 1989, *De l'immigré au citoyen,* La Documentation Française.

——, 2004, 《Les échecs de l'intégration, un accroc à contrat social》, *Pouvoir,* 111, Seuil.

コスタ＝ラスクー(Costa-Lascoux), J., 1997,『宗教の共生 —— フランスの非宗教性の視点から』法政大学出版局.

Darcos, X., 2005, *L'école de Jules Ferry 1880-1905,* Hachette.

De Certeau, M. et al., 1975, *Une politique de la langue: la Révolution française et les patois,* Gallimard.

Deltombe, T., 2005, *L'islam imaginaire: la construction médiaique de l'islamophobie en France: 1975-2005,* La Découverte.

Doytcheva, M., 2005, *Le multiculturalisme,* La Découverte.

Entzinger, H., 1985, 《The Netherlands》, T. Hammer(ed.), *European Immigration Policy: A Comparative Study,* Cambridge Univ. Press.

——, 2005, 《Politique d'intégration en Européen modéle multidimensionnel》, L.

Arnaud (sous la direction de), *Les minorités ethniques dans l'Union Européenne,* La Découverte.
Esser, H. & H. Korte, 1985, 《Federal Republic of Germany》, T. Hammer (ed.), *European Immigration Policy: A Comparative Study,* Cambridge Univ. Press.
Fall, M., 2005, *Le destin des Africains noirs en France: Discriminations, Assimilation, repli communautaire,* l'Harmattan.
FASILD, 2003, *Les discriminations des jeunes d'origine étgangère dans l'accés à l'emploi et l'accés au logement,* La Documentation Française.
——, 2004, *L'accueil à l'école des élèves primo-arrivants en France*, La Documentation Française.
——, 2005, *Jeunes diplômés issus de l'immigration: insertion professionnelle ou discriminations ?,* La Documentation Française.
Felouzis, G. et al., 2005, *L'apartheid scolaire: Enquête sur la ségrégation ethnique dans les collèges,* Seuil.
Fitoussi, J.-P. et al., 2004, *Ségrégation urbaine et intégration sociale,* La Documentation Française.
ガラポン (Garapon), A., 2000, (河合幹雄訳)『司法が活躍する民主主義——司法介入の急増とフランス国家のゆくえ』勁草書房.
Garbaye, 2004, 《Ethnic Minority Local Councillors in French and British Cities: Social Determinants and Political Opportunity Structures》, R. Penninx et al. (eds.), *Citizenship in European Cities: Immigrants, Local Politics and Integration Policies,* Ashgate.
Gaspard, F. et F. Khosrokhavar, 1995, *Le foulard et la République,* La Découverte.
Gastaut, Y., 2000, *L'immigration et l'opinion en France sous la Ve République,* Seuil.
Geisser, V., 1997, *Ethnicité républicaine: les élites d'origine magrébine dans le système politique française,* Presse de Sciences Po.
——, 2003, 《Citoyenneté, localité et ethnicité: nouveau triptyque identitaire chez les jeunes Français?》, R. Leveau (sous la direction de), *De la Citoyenneté locale,* Institut français des relations internationales.
GISTI, 1994, *Le nouveau guide de la nationalité française,* La Découverte.
——, 2005, *Le guide de l'entrée et le séjour des étrangers en France,* La Découverte.
Gohr, A. und M. Seeleib-Kaiser (Hrsg.), 2003, *Sozial-und Wirtshaftspolitik unter Rot-Grünen,* Westdeutscher Verlag.
Granotier, B., 1970, *les travailleurs immigrés en France,* F. Maspero.

ハンマー(Hammer), T., 1999, (近藤敦監訳)『永住市民と国民国家 ── 定住外国人の政治参加』明石書店.
Hansen, R., 2000, *Citizenship and immigration in Post-War Britain,* Oxford Univ. Press.
ハーグリーヴス(Hargreaves), A., 1997, (石井伸一訳)『現代フランス ── 移民からみた世界』明石書店.
Haut Conseil à l'intégration(HCI), 1992, *Conditions juridiques et culturelles de l'intégration,* La Documentation Française.
——, 1993, *L'intégration à la française,* Union Générale d'Edition.
——, 1997, *Affaiblissement du lien sicial, enfermement dans les particularismes et intégration dans la cité,* La Documentation Française.
——, 2006, *Le bilan de la politique d'intégration 2002–2005*(Rapport au Premier ministre).
Haute Autorité de lutte contre les discriminations et pour l'égalité(HALDE), 2006, *Rapport Annuel,* La Documentation Française.
林(Hayashi)瑞枝, 2001,「イスラム・スカーフ事件と非宗教性 ── 問われる共和国的統合」三浦信孝編『普遍性か差異か』藤原書店.
樋口(Higuchi)陽一, 1999,『憲法と国家 ── 同時代を問う』岩波新書.
池田(Ikeda)賢市, 1997,「ジョスパン改革以降の外国人(移民)の子弟教育」小林順子編『21世紀を展望するフランス教育改革 ── 1989年教育基本法の論理と展開』東信堂.
——, 2001,『フランスの移民と学校教育』明石書店.
稲葉(Inaba)奈々子, 2002,「新しい貧困層と社会運動 ── フランスにおける「住宅の権利運動」のなかの移民たち」宮島喬・梶田孝道編『国際社会4 マイノリティと社会構造』東京大学出版会.
INSEE, 1992, *Recensement de la population de 1990: Nationalité.*
——, 2001, *Tableaux thématiques: population immigrée et population étrangère.*
——, 2005, *Les immigrés en France,* La Documentation Française.
——, 2006,《Enquêtes annuelles de recensement 2004 et 2005: près de 5 millions d'immigrés à la mi-2004》, *Première,* no.1098.
Irtis-Dabbagh, V., 2003, *Les jeunes issus de l'immigration de Turquie en France: Etat des lieux, analyse et perspectives,* L'Harmattan.
石原(Ishihara)司, 1966,「急進派とその政治行動 ── 反教権主義と非宗教化＝世俗化政策を中心に」山本桂一編『フランス第三共和政の研

究』有信堂.
伊藤(Ito)るり，2000，「90年代フランスにおける移民統合政策と〈女性仲介者〉── 地域のなかで試されるフランス型統合」『ヨーロッパ統合下の西欧諸国の移民と移民政策の調査研究』(科学研究費研究成果報告書，代表者・宮島喬).
岩橋(Iwahashi)恵子，1997，「教育優先地域(ZEP)政策の展開とその意義」小林順子編『21世紀を展望するフランス教育改革 ── 1989年教育基本法の論理と展開』東信堂.
Jaillet, M.-C., 2003, 《La politique de la ville en France: histoire et bilan》, *Regards sur l'actualité,* La Documentation Française, no. 296.
ジョリヴェ(Jolivet), M., 2003, (鳥取絹子訳)『移民と現代フランス ── フランスは「住めば都」か』集英社新書.
Kaslassy, E., 2004, *De la discrimination positive,* Breal.
Kastoryano, R., 2002, *Negotiating Identities: States and Immigrants in France and Germany,* Princeton Univ. Press.
Kepel, G., 1987, *Les banlieus de l'islam,* Seuil.
木畑(Kibata)洋一，1987，『支配の代償 ── 英帝国の崩壊と「帝国意識」』東京大学出版会.
木崎(Kisaki)喜代治，1997，『信仰の運命 ── フランス・プロテスタントの歴史』岩波書店.
Kofman, E. et al., 2000, *Gender and International Migration in Europe,* Routledge.
小泉(Koizumi)洋一，1998，『政教分離と宗教的自由』法律文化社.
国末(Kunisue)憲人，2005，『ポピュリズムに蝕まれるフランス』草思社.
Laparra, M., 1993, 《Politique linguistique, école et intégration》, A. Collot et al. (sous la direction de), *La pluralité culturelle dans les systèmes éducatifs européens,* Centre Régional de Documentation Pédagogique de Lorraine.
Lapierre, J.-W., 1995, 《Préface》, P. Poutignat et J. Streiff-Fenart, *Théories de l'ethnicité,* PUF.
Le Tréhondat, P. et P. Silberstein, 2004, *Vive la discrimination positive!,* Syllepse.
レオン(Leon), A., 1969, 『フランス教育史』白水社.
Lepoutre, D., 2005, *Souvenirs de familles immigrées,* Odile Jacob.
Leveau, R. et al. (sous la direction de), 2003, *De la citoyenneté locale,* Institut Français des relations Internationales.
Lochak, D., 2005, *Les droits de l'homme,* La Découverte.

Mahnig, H., 2004,《The Politics of Minority-Majority Relations: How Immigrant Policies Developed in Paris, Berlin and Zurich》, R. Penninx et al. (eds.), *Citizenship in European Cities : Immigrants, Local Politics and Integration Politicies,* Ashgate.
マルティニエッロ(Martiniello), M., 2002,（宮島喬訳）『エスニシティの社会学』白水社.
Martuccelli, D., 1997,《Les contradictions politiques du multiculturalisme》, M. Wieviorka (sous la direction de), *Une société fragmentée: Le multiculturalisme en débat,* La Découverte.
Maurin, E., 2004, *Le ghetto français: Enquête sur le séparatisme social,* Seuil.
マイルズ(Miles), R., クリアリー, P., 1994,（分田順子訳）「イギリス――植民地帝国の解体と移民」D. トレンハルト編『新しい移民大陸ヨーロッパ』明石書店.
Minces, J., 2004, *La génération suivante: Les enfants de l'Immigration,* l'Aube.
Ministère d'Education Nationale, 2004, *Repères et références statistiques sur les enseignements, formation et la recherche.*
宮島(Miyajima)喬, 1986,「移民労働者問題と西欧"国民国家"の変容」庄司興吉編『世界社会の構造と動態』法政大学出版局.
――, 1992,『ひとつのヨーロッパ　いくつものヨーロッパ――周辺の視点から』東京大学出版会.
――, 1994,「フランスにおけるインドシナ難民――その受け入れと社会編入をめぐって」加藤節・宮島喬編『難民』東京大学出版会.
――, 1997a,『ヨーロッパ社会の試練――統合のなかの民族・地域問題』東京大学出版会.
――, 1997b,「移民労働者子弟における剥奪と戦略――言語，教育，統合をめぐる言説と実態」『Sociology Today』8号，お茶の水社会学研究会.
――, 1999,『文化と不平等――社会学的アプローチ』有斐閣.
――, 2001,「「フランス的統合」の観念とその諸前提――移民の社会的統合をめぐる言説と解読」『社会学研究科年報』8号，立教大学大学院.
――, 2002,「移民の社会的統合における「平等」と「エクイティ」――フランスにおける統合モデルの変容？」宮島喬・梶田孝道編『国際社会4　マイノリティと社会構造』東京大学出版会.

――, 2003,『共に生きられる日本へ――外国人施策とその課題』有斐閣.
――, 2004a,「ヨーロッパの変化の意味③ ドイツの迎えた二つの転機」『書斎の窓』536号, 有斐閣.
――, 2004b,『ヨーロッパ市民の誕生――開かれたシティズンシップへ』岩波新書.
――, 2005,「フランスにおける教育優先地域(ZEP)の展開と都市文化」『西欧諸国における地域分権・地域主義の動向とその社会・文化的影響』(平成15-16年度科学研究費補助金研究成果報告書, 研究代表者・宮島喬).
――, 2006a,「シティズンシップの確立をもとめて」羽場久美子・小森田秋夫・田中素香編『ヨーロッパの東方拡大』岩波書店.
――, 2006b,「「移民社会」フランスの危機と底流」『UP』7月号, 8月号, 東京大学出版会.
宮島(Miyajima)喬・梶田孝道・伊藤るり, 1985,『先進社会のジレンマ――現代フランス社会の実像をもとめて』有斐閣.
森(Mori)千香子, 2000,「移民の若者の社会的位置と文化形成――1990年代フランスの事例」『ヨーロッパ統合下の西欧諸国の移民と移民政策の調査研究』(前掲).
中野(Nakano)裕二, 1996,『フランス国家とマイノリティ――共生の「共和制モデル」』国際書院.
――, 2005,「フランスにおける「共和国の不可分性」の変容――2003年地方分権改革」『西欧諸国における地域分権・地域主義の動向とその社会・文化的影響』(前掲).
浪岡(Namioka)新太郎, 2004,「西ヨーロッパにおける政教関係の制度化とイスラーム――フランスにおけるイスラームの制度化,「フランス・ムスリム評議会」の経験から」古城利明編『世界システムとヨーロッパ』中央大学出版部.
Netherlands Scientific Council for Government Policy, 1990, *Immigration Policy: Summary of the 36th Report.*
Noiriel, G. et al. (sous la direction de), 2005, *20 ans de discours sur l'intégration,* L'Halmattan.
OECD, 2004, *Trends in International Migration* (SOPEMI).
――, 2006, *International Migration Outlook* (SOPEMI).
Pena-Ruiz, H., 2003, *La laïcité,* Flammarion.

Penninx, R. & J. Roosblad (eds.), 2000, *Trade Unions, Immigration and Immigrants in Europe, 1960–1993: A Comparative Study of the Actions of Trade Unions in Seven West European Countries,* Berghahn Books.

ロールズ(Rawls), J., 1979, (田中成明編訳)『公正としての正義』木鐸社.

Régnard, 2006, *Immigration et présence étrangère en France en 2004*, La Documentation Française.

ルナン(Renan), E., 1997, (鵜飼哲訳)「国民とは何か」E. ルナン他『国民とは何か』インスクリプト.

Renault, A. et A. Touraine, 2005, *Un débat sur la laïcité,* Stock.

Rex, J., 1996, *Ethnic Minorities in the Modern Nation State: Working Papers in the Theory of Multiculturalism and Political Integration,* Macmillan Press.

Ribert, E., 2006, *Liberté, égalité, carte d'identité: les jeunes issus de l'immigration et l'appartenance nationale,* La Découverte.

Richard, J.-L., 2005, 《Les origines nationales, géographiques et culturelles dans la statistique publique des pays de l'Union européenne》, L. Arnaud (sous la direction de), *Les minorités ethniques dans l'Union européenne,* La Découverte.

Sabbagh, D., 2003, *Affirmative action at Sciences-Po* (unpublished).

佐久間(Sakuma)孝正, 2002,「多文化, 反差別の教育とその争点――イギリスの事例を中心に」宮島喬・梶田孝道編『国際社会4 マイノリティと社会構造』東京大学出版会.

佐々木(Sasaki)信, 1974,『イギリス法講義』上, 成文堂.

Schnapper, D. et al., 2003, 《French Immigration and Integration Policy》, F. Heckmann and D. Schnapper (eds.), *The Integration of Immigrants in European Societies,* Lucius & Lucius.

Schor, R., 1996, *Histoire de l'immigration en France de la fin du XIX e siècle à nos jours,* Armand Colin.

Secrétariat d'Etat aux Travailleurs Immigrés, 1977a, *Immigration et 7e plan: Analyse économique,* La Documentation Française.

――, 1977b, *La nouvelle politique de l'immigration,* La Documentation Française.

Simon, P., 2006, 《L'arbre du racisme et la forêt des discriminations》, N. Guénif-Souilamas (sous la direction de), *La république à nu par son immigration,* La Fabrique.

Simon, P. et M. Clément, 2006, 《Comment décrire la diversité des origines en

France?: Une enquête exploratoire sur les perceptions des salariés et étudiants》, *Population et Sociétés,* 425, juillet-aout.
Slama, A.-G., 2004, 《Contre la discrimination positive》, *Pouvoir,* 111, Seuil.
Sowell, T., 2004, *Affirmative Action around the World: An Empirical Study,* Yale Univ. Press.
Spitz, J.-F., 2000, *L'amour de l'égalité,* Vrin, EHSS.
Statham, P. et R. Koopmans, 2005, 《Multiculturalisme et Conflits Culturels: le défi posé par les revendications des groupes musulmans en Grande-Bretagne et aux Pays-Bas》, L. Arnaud (sous la direction de), *Les minorités ethniques dans l'Union européenne: Politiques, mobilisations, identitiés,* La Découverte.
ストーン(Stone), J., 1989, (平野敏彦訳)「正義は平等に非ず」E. カメンカ, A. イアースーン・テイ編(田中成明・深田三徳監訳)『正義論』未来社.
ストレフ=フェナル(Streiff-Fenart), J., 2000, 「統合から"エスニック化"へ――文化的差異に向けてのフランスの移民政策」『日欧移民政策の差異と収斂』(立教大学国際シンポジウム・プロシーディングス).
末藤(Suefuji)美津子, 1999, 「アメリカのバイリンガル教育法における言語観――1968年法から1994年法までの変遷」『比較教育学研究』25.
テイラー(Taylor), C., 1996, 「承認をめぐる政治」(佐々木毅他訳)『マルチカルチュラリズム』岩波書店.
トレンハルト(Thränhardt), D. 編, 1994, (宮島喬他訳)『新しい移民大陸ヨーロッパ』明石書店.
Timera, M., 1997, 《Sans-papiers africains face aux <communauté> d'origine》, D. Fassin et al.(sous la direction de), *Les lois de l'inhospitalité: les politiques de l'immigration à l'épreuve des san-papiers,* La Découverte.
Tofarides, M., 2003, *Urban Policy in the European Union,* Ashgate.
Toulemonde, 2004, 《La discrimination positive dans l'éducation: des ZEP à Sciences Po》, *Pouvoir,* 111, Seuil.
Tribalat, M., 1995, *Faire France: une enquête sur les immigrés et leur enfants,* La Découverte.
――, 1999, *Dreux: Voyage au coeur du malaise française,* Syros.
都留(Tsuru)民子, 2000, 『フランスの貧困と社会保護――参入最低所得(RMI)への途とその経験』法律文化社.

Turney, C. et al., 1978, *Inner-city Schools: Children, Teachers and Parents,* Sydney Univ. Press.

Weil, P., 1991, *La France et ses étrangers,* Calmann-Lévy.

——, 2002, *Qu'est-ce qu'un Français?: Histoire de la nationlité française depuis la Révolution,* Grasset.

——, 2005, *La république et sa diversité: immigration, intégration et discriminations,* Seuil.

ヴェイユ(Weil), P., 宮島喬, 2004,「「移民国」に向けての今日的課題とは何か」(対談),『世界』727号, 岩波書店.

Wieviorka, M., 2001, *La différennce,* Balland.

Wihtol de Wenden, C., 1988, *Les immigrés et la politique,* Presse de la Fondation Nationale des Sciences Politiques.

——, 1999, *L'immigration en Europe,* La Documentation Française.

ヴィートル・ド・ウェンデン(Wihtol de Wenden), C., 1994,（宮島喬訳）「フランスにおける移民と移民政策」D. トレンハルト編『新しい移民大陸ヨーロッパ』明石書店.

Wihtol de Wenden, C. et R. Leveau, 2001, *La beurgeoisie: Les trois âges de la vie associative issue de l'immigration,* CNRS Editions.

Zéroulou, Z., 1988,《La réussite scolaire des enfants d'immigrés》, *Revue Française de Sociologie,* XXXIX.

Zouari, F., 2004, *Ce voile qui déchire la France,* Ramsay.

関連年表

1974.5　ヴァレリ・ジスカールデスタン，大統領に当選．シラク内閣誕生．

1974.7　閣議で，外国人労働者の新規受け入れの「中断」を決定(EC加盟国出身者については従来どおり)．

1975.12　スウェーデン，3年間以上国内に滞在する外国人に地方参政権を認める．

1976.7　移民労働者の家族呼び寄せを条件付きで認める(配偶者と18歳未満の子，本人が滞在許可，定職，十分な収入と住宅をもっていること，など)．

1977.5　補助金(1人1万フラン)付きの外国人の帰国奨励政策を開始(1981年まで)．

1981.5　フランソア・ミッテラン，大統領に当選．モーロア内閣誕生．

1981.6～9　リヨン市郊外のヴォー・ザン・ヴラン，ヴィルユルバヌ，ヴェニシューで，主にマグレブ系青少年による車の盗難，暴走，これへの放火が行われ，警官と衝突．マルセイユ，アヴィニヨンにも波及し，計250台近い車が破壊される．

1981.10　不正規滞在外国人の正規化にかんする特別立法．これにより翌年にかけて約12万3000人が滞在許可を認められる．

モーロア内閣，外国人結社の許可制を廃止．以後，外国人・移民の若者の結社による文化活動や学習支援活動が盛んになる．

1982.9　教育優先地域(ZEP)の施策の開始．初年度として362地域を指定．

1982.12～83春　ルノー，シトロエン，プジョー等の自動車製造工場で移民労働者中心のストライキ．単能工から専門工への格付変更等を要求．

1983　この年，オランダ政府は「マイノリティ問題覚書」を公表し，一連の政策を開始する．

1983.3　ドゥルー市の市議選で国民戦線(FN)が共和国連合(RPR)と結んで進出．9月の再選挙ではFNのリストが17%近い支持を得，2回目投票での保守・中道との協力により，革新市政を破る．

1983.6　春以来，リヨン郊外ヴェニシューで，再び警官との衝突が起こり，12月の「平等行進」のリーダーとなるトゥミ・ジャイジャが，弾丸を受け負傷．

1983. 12　マグレブおよびアフリカ系の移民第二世代の青年を中心とする反人種差別・平等要求のデモ(「平等行進」)がマルセイユを出発. パリに到着し, 6万人の大デモになり, 代表者はエリゼー宮(大統領官邸)でミッテラン大統領と会見.

1984. 6　欧州議会議員選挙において, 国民戦線(FN)が, 約11% の得票を示す.

滞在・労働単一許可証(10年間有効, 自動更新)の創設を含む法案が成立.

1986〜88　保革共存体制におけるシラク内閣の下で, 86年秋国籍法改正案が準備され, 論議を呼び起こす. 政府は87年に「賢人会議」を設置し, 自動的な国籍付与システムの見直しの主題を中心に, 広く公聴会も開催しつつ, 論議を進める. しかし88年, 法案化を断念する.

1988. 5　ミッテラン, 大統領に再選される. ロカール内閣誕生.

1989. 9　オ・ワーズ県クレイユ市のコレージュ・ガブリエル・アヴェに3人の女子生徒がイスラームのスカーフを着けて登校. 学校長により授業への出席を拒否される.

1989. 11　ドイツ, ベルリンの壁崩壊. 東から西への大きな人の移動が生じる.

フランス, スカーフ着用の生徒への措置についての国民教育相の諮問にコンセイユ・デタの見解が示される.

1989. 12　ロカール内閣の下で, 高等統合審議会(HCI)が設置される.

1990. 10.3　西・東ドイツの再統一. この前後から数年間, ドイツ系帰還者(アウスシードラー)や庇護申請者の入国がいちじるしく増加する.

1992. 1　アルジェリア, イスラーム政党FISの勝利した前年の選挙を, 軍事政権が無効とし, 以後, 同政権とイスラーム勢力の対立が激化. 親欧の知識人も後者のテロの標的となり, フランスへの亡命者が増加.

1993. 6　保革共存体制におけるバラデュール内閣の下で, フランス生まれの外国人の子どものフランス国籍取得に際し「意志の表示」を義務づける国籍法改正案(メニューリ法)が成立.

ドイツ, 政治的に迫害を受けた者の庇護権を定めた基本法(憲法)第16条を改正. 「迫害のない国」から来た者, 「安全な第三

国」経由の者は，庇護権を認める対象にならないとした．これにより，翌年から庇護申請者数は大幅に減る．

1994. 9　国民教育相バイルー，宗教宣伝にあたる「これみよがしの」宗教的表徴の教室内での着用の禁止を通達．

1995. 5　ジャック・シラク，大統領に当選．ジュペ内閣誕生．

1996. 8　約 300 人のアフリカ系移民がパリ市内のサン・ベルナール教会に泊まりこみ，難民認定を要求．政府は警察力でこれを排除し，約 50 名を除き，国外退去を命じる．人道的見地からの抗議が起こる．

1996. 11　ジュペ内閣の下で，「問題都市地域」(ZUS)政策開始．全国で 750 地域が指定される．

1997. 6　保革共存体制の下で，ジョスパン内閣成立．

1998　この年，特別立法により，約 6 万 8000 人の不正規滞在外国人に滞在許可が認められる．

1998. 5　フランス生まれの外国人の子どものフランス国籍取得の際の「意志の表示」を廃止することを含む改正案(ギグー法)成立．

1999　アムステルダム条約発効(調印は 97 年)

1999. 2　ジョスパン内閣の内相のシュヴェーヌマン，県知事たちを前にし，警察官の採用を多様化し，移民出身の若者たち，とりわけ課題集中地区に住む若者たちを受け入れてほしい，と演説．

1999. 5　ドイツ，シュレーダー政権の下で，条件付きで出生地主義を認める新国籍法を制定．

1999. 6　パリテ(地方選挙における候補者の男女同数制)の法制化のための憲法改正が行われる．

2001　パリ政治学院，教育優先地域(ZEP)に属するリセの出身の生徒を対象に特別入試を実施．18 名が入学を許可される．以後，毎年度特別入試が実施されている．

2002. 4　大統領選挙の第 1 回目投票で，シラク，ジャン＝マリ・ルペンが 1, 2 位を占め，社会党のジョスパンは敗退．選挙戦で「治安」が主な争点になった．第 2 回目投票で，シラクが再選される．ラファラン内閣成立．

2003. 11　合法的に一定期間以上居住する第三国国民に，EU 市民に「限りなく」近い権利を認めるべきだとする EU 指令．

2003. 12　「フランス共和国内におけるライシテ原則の適用にかんする検

討委員会」(スタジ委員会)，大統領へ報告書を提出.

2004. 3　宗教的表徴禁止法の成立.

2005. 3　「反差別と平等のための最高機関」(HALDE)の創設.

2005. 10　政府は，不正規滞在外国人の摘発，送還の方針を示すとともに，幼稚園からリセにまで通う子どもをもつ場合には，06 年 6 月 30 日まで送還を保留するとした.

2005. 10.27　パリ郊外のクリシー・スー・ボア市で，警官に追われた(と思った)移民出身の 2 少年が変電所に逃げ込み，感電死．警察への住民(移民，移民出身者が多い)の抗議が起こり，車への放火.

2005. 11 上旬　パリ市郊外諸都市，さらにストラスブール，マルセイユ，リヨン，サン・テチエンヌ，リール，ナント，ルーアン，トゥールーズ，ベルギーのブリュッセルなどに「暴動」が広がる．約 280 自治体に及び，死者 1 名．破壊された車は 5000 台以上とされる.

2005. 11.14　シラク大統領テレビ演説．移民への差別の存在を認めつつ，暴力を非難し，秩序への回帰を訴える(「共和国の息子，娘たち」の言葉).

2006 春　子どもを含む不正規滞在外国人の強制送還の恐れに，NGO と一般市民が，子どもの送還反対と里親の募集の運動を開始.

2006. 7　新移民法「移民と統合」が成立．高度な能力をもつ外国人の特別な受け入れ制度，家族呼び寄せによる来仏・滞在の条件の厳格化，10 年以上の滞在者に認められてきた正規化措置の廃止，などを含む.

2006. 8　6 月末までに不正規滞在移民から提出された正規化の申請約 3 万件に対し，滞在許可が認められたのは，約 6000 件であることが判明.

INSEE により，最新(2004 年)の外国人・移民の統計が発表される．外国人 351 万人(総人口の 5.8%)，移民 493 万人(同 8.1%).